KB068006

행마

전원바둑연구실 지음

모르고 바둑 두지 마라

전원문화사

행마 모르고 바둑 두지마라

2016년 8월 20일   2판 1쇄 발행

지은이 ＊ 전원바둑연구실
펴낸이 ＊ 남병덕
펴낸곳 ＊ 전원문화사

07689 서울시 강서구 화곡로 43가길 30. 2층
      T.02) 6735-2100 F.6735-2103
E-mail ＊ jwonbook@naver.com
등록 ＊ 1999년 11월 16일   제 1999-053호
      ⓒ 2000, by Jeon-won Publishing Co.
이 책의 내용은 저작권법에 따라 보호받고 있습니다.

잘못된 책은 바꾸어 드립니다.

머리말

바둑은 너무나도 쉽고 재미있는 게임입니다. 그러나 기력이 약한 하급자들의 입장에선 실력을 향상시키기가 결코 쉽지 않습니다. 그 이유 중의 하나는 공부해야 할 바둑 내용이 너무 많다는 것입니다.

정석 하나만 하더라도 그 가짓수가 수만 가지를 헤아릴 정도이고 포석의 유형도 천차만별입니다. 이뿐만 아니라 귀와 변에서 이루어지는 각종 사활의 형태를 익혀야만 하고 중반전에서의 공격법이나 수습의 요령 등을 모두 섭렵해야 한다고 생각하면 미리부터 주눅들게 하기에 충분합니다. 그렇다면 이러한 난제를 어떻게 해결해야 할까요?

다른 분야에서도 동일하게 적용되는 원리이겠지만 학습의 효과를 극대화시킬 수 있는 방법은 그 기본 원리를 충실하게 이해하는 것입니다. 바둑은 여러 가지 분야로 이루어져 있지만 이를 구성하고 있는 내용 하나하나는 행마라는 것들의 집합체라는 것을 알 수 있습니다.

정석을 보더라도 입구자 행마, 날일자 행마, 눈목자 행마 등 기본 행마법의 조합 속에 가장 이상적인 형태를 만들어 가는 것이고, 중반전의 성패도 결국 어떤 행마를 적절하게 구사하느냐에 따라 결정되기 마련입니다. 이러한 행마법은 포석이나 사활, 맥, 끝내기 등에서도 동일하게 적용되는데, 결국 행마법을 충실하게 이해하는 것이야말로 바둑의 모든 분야를 익히는 효과를 가져오는 것입니다.

이 책은 실전에서 반드시 익혀야 할 기본 행마법을 종류별로 자세히 수록한 것입니다. 각각의 행마의 특성과 실전 적용법들을 예제와 문제 형식으로 구성함으로써 독자들의 학습 능력을 배가시킬 수 있도록 노력했습니다.

끝으로 이 책이 나오기까지 수고해 주신 편집국 식구 여러분들과 전원문화사 김철영 사장님께 감사의 말씀을 전합니다.

전원바둑연구실

목 차

제 1 장 초급 행마법 •••••••••••••••••••• 7

제 2 장 　중급 행마법 ･･･････････････････ 89

초급 행마법

근거의 급소

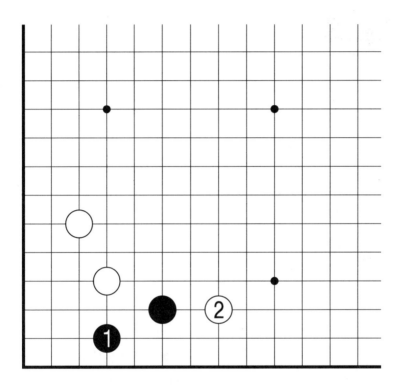

화점 정석에서 흔히 등장하는 형태이다. 백②로 협공했을 때 가장 적절한 행마법은 무엇일까?

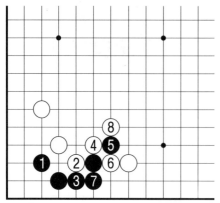

그림1

그림1(정해)

흑❶로 3·三 침입하는 것이 가장 적절하다. 백은 ②로 마늘모 붙인 후 이하 ⑧까지 세력을 구축하게 된다.

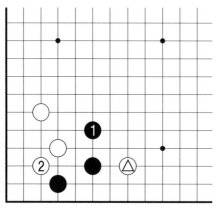

그림2

그림2(미생마)

흑❶로 한 칸 뛰는 행마는 백②로 지키는 것이 좋은 수가 된다. 백△ 한 점이 적절하게 흑을 공격하는 형태가 되었다.

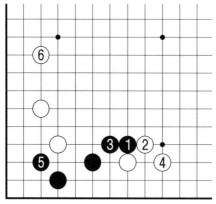

그림3

그림3(흑, 손해)

흑❶로 붙이는 행마는 백④까지 상대를 굳혀 준다는 것이 불만이다. 흑❺, 백⑥까지 백은 양쪽을 모두 처리했다.

10

두점머리 급소

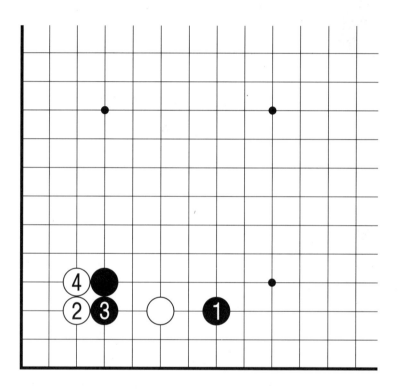

흑❶로 협공하고 백②로 침입했을 때 흑❸으로 막은 것은
적절한 방향이다. 계속해서 백④ 때 흑이 어떤 방법으로
형태를 정비할 것인지가 관건이다.

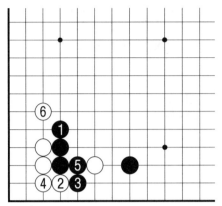

그림1

그림1(정해)

흑❶로 뻗는 것이 정답이다. 흑❶은 이른바 두점머리 급소. 이후 백②로 젖히고 백⑥까지가 기본 정석이다.

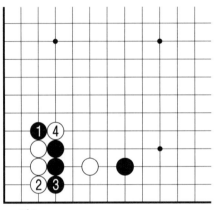

그림2

그림2(흑, 무리)

흑❶로 젖히는 것은 무리한 행마법이다. 백은 ②로 내려선 후 흑❸ 때 ④로 끊는 강수가 준비되어 있다.

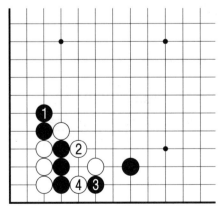

그림3

그림3(흑, 죽음)

앞 그림에 계속해서 흑❶로 뻗는다면 백②의 젖힘에 의해 응수가 없다. 흑❸, 백④까지 흑 죽음.

능률적인 응수

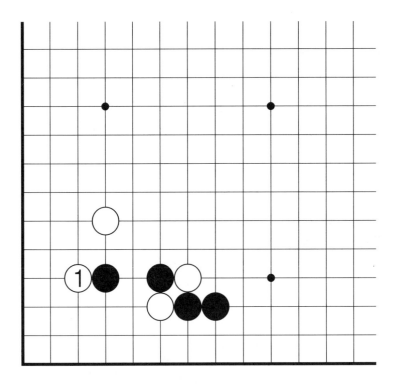

화점 정석이 진행 중이다. 백①로 붙였을 때 흑은 어떤 방법으로 응수하는 것이 최선일까? 먼저 자신의 약점을 살필 수 있어야 한다.

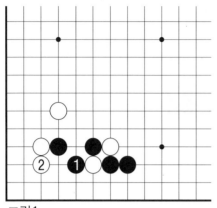

그림1

그림1(정해)

흑❶로 호구쳐서 백 한 점을 잡는 것이 적절한 행마법이다. 백②로 내려서서 일단락이다.

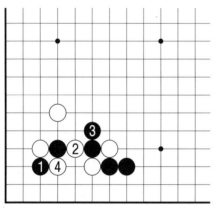

그림2

그림2(흑, 무리수)

흑❶로 젖히는 수는 자신의 약점을 고려치 않은 악수이다. 백②·④로 단수치면 흑이 곤란하다.

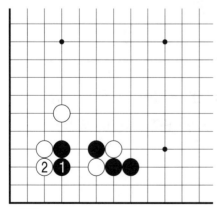

그림3

그림3(흑, 불만)

흑❶로 막는 것은 정해에 비해 아직 뒷맛이 남는다는 것이 불만이다.

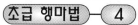

봉쇄의 급소

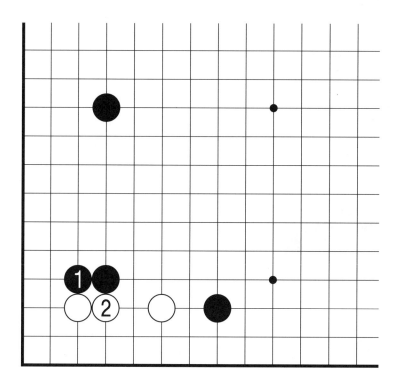

흑❶로 막자 백②로 연결한 모습이다. 흑은 백의 중앙 진
출을 봉쇄하고 싶은데 어떻게 두는 것이 최선일까?

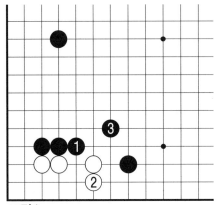

그림1

그림1(정해)

흑❶이 호구이자 두점머리가 되는 급소 중의 급소이다. 백②로 내려서는 정도일 때 흑❸으로 날일자해서 봉쇄가 가능하다.

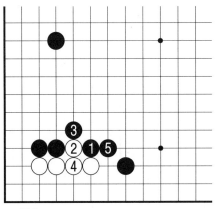

그림2

그림2(흑의 약점)

흑❶로 막는 것은 백②·④로 끼워 이었을 때 약점이 남는다는 것이 불만이다.

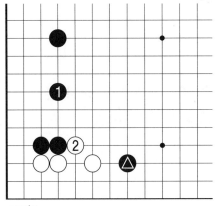

그림3

그림3(흑, 불만)

흑❶은 너무 소극적인 수이다. 백② 가 호구이자 두점머리가 되는 급소 중의 급소. 흑▲ 한 점이 매우 약해졌다.

형태를 정비

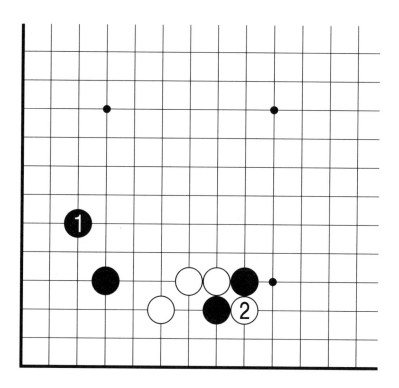

흑❶로 날일자하자 백②로 끊은 장면이다. 이와 같은 장면에서 형태를 결정짓는 상용의 행마법이 있다.

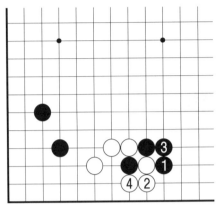

그림1

그림1(정해)

흑❶로 단수친 후 ❸으로 잇는 것이 좋은 행마법이다. 백④까지 흑의 선수이다.

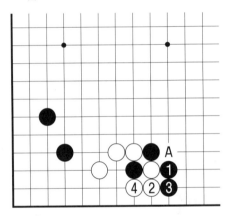

그림2

그림2(약점)

흑❶로 단수친 후 ❸으로 막기 쉽다. 그러나 이것은 백④ 이후 A의 약점이 부담으로 남는다.

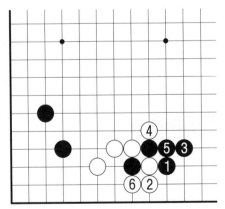

그림3

그림3(흑, 실패)

흑❶로 단수친 후 ❸으로 호구치는 것은 백④의 단수가 너무 쓰라리다. 흑❺로 잇는 형태가 빈삼각의 우형이다.

맞보기의 급소

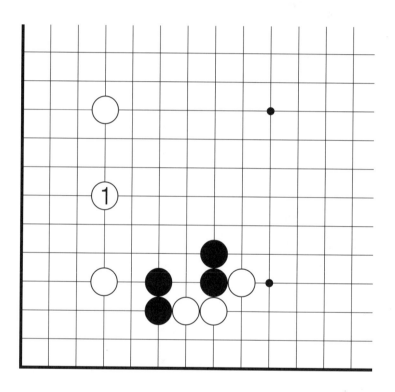

백①로 귀를 지킨 장면이다. 이와 같은 형태에서 흑은 모양을 정비하는 상용의 행마법이 있다.

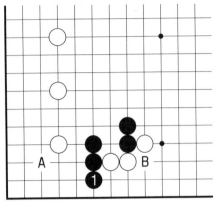

그림1

그림1(정해)

흑❶로 내려서는 것이 좋은 행마법이다. 이후 흑은 A의 침입과 B의 끊음을 맞보기로 노리고 있다.

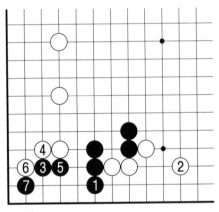

그림2

그림2(정석)

흑❶에는 백②로 약점을 지키는 정도이다. 흑은 ❸으로 침입해서 손쉽게 안정할 수 있다.

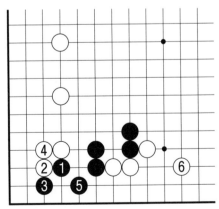

그림3

그림3(흑, 손해)

흑❶로 붙인 후 ❸으로 되젖혀도 수습은 가능하다. 그러나 백⑥까지의 진행을 예상할 때 흑이 손해이다.

필수적인 보강

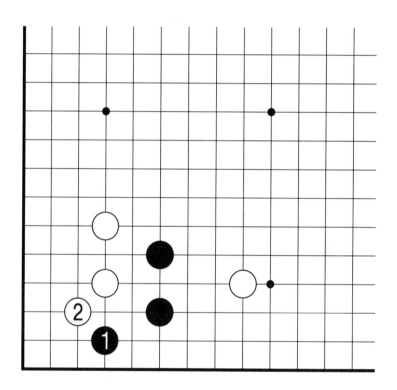

초반 정석 과정에서는 미생마를 만들지 않는 것이 특히
중요하다. 흑❶, 백② 때 반드시 두어야 할 행마법은 무
엇일까?

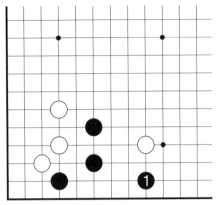

그림1

그림1(정해)

흑❶로 눈목자하는 것이 절절한 행마법이다. 이 한 수로 흑은 이제 더 이상 공격받을 염려가 없다.

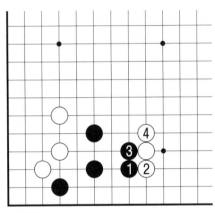

그림2

그림2(흑, 손해)

흑❶, ❸으로 두어도 수습은 가능하다. 그러나 백④까지 상대를 굳혀 준 손해가 너무 크다.

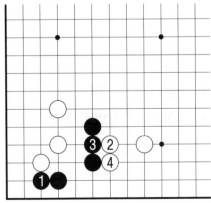

그림3

그림3(끝내기)

흑❶로 두는 것은 이 경우 끝내기에 불과하다. 백②로 들여다본 후 ④에 막으면 흑 모양이 옹색하다.

호구자리 급소

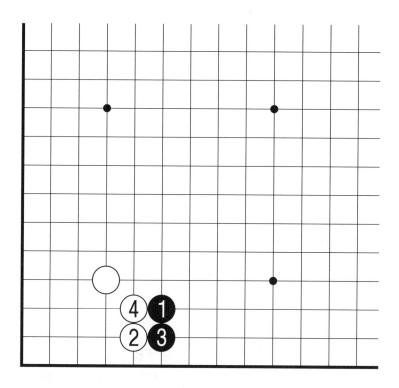

흑❶ 때 백②의 처진 날일자 행마는 귀의 실리를 중시하고자 할 때 사용하는 수단이다. 흑❸, 백④ 이후 흑의 행마법이 관건이다.

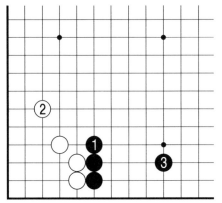

그림1

그림1(정해)

흑은 반드시 ❶로 뻗어야 한다. 이
곳은 호구자리이자 두점머리가 되는
급소 중의 급소이다. 백②, 흑❸까
지 쌍방 불만없다.

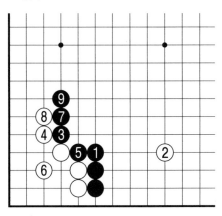

그림2

그림2(흑, 두터움)

흑❶ 때 백②로 협공하는 것은 욕심
이 지나친 수이다. 흑은 ❸으로 붙이
는 것이 좋은 행마법으로 이하 흑
❾까지 두텁게 형태를 정비할 수 있
다.

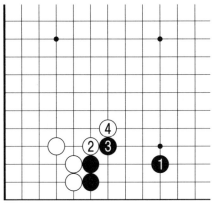

그림3

그림3(흑, 실패)

곧장 흑❶로 전개하는 것은 좋지 않
다. 백②로 호구친 후 흑❸ 때 백④
로 이단젖히면 흑 모양이 옹색하다.

보강 방법

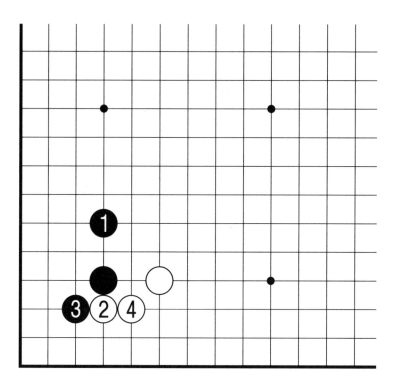

흑❶로 한 칸 뛰었을 때 백이 ②로 붙인 후 ④에 뻗은 장면이다. 이후 흑은 귀를 어떤 방법으로 보강할 것인지가 관건이다.

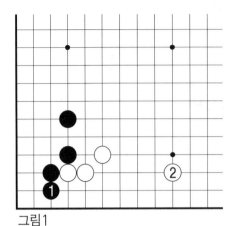

그림1

그림1(정해)

흑❶로 내려서는 것이 적절한 행마법
이다. 백은 ②로 전개해서 하변을 도
모하게 된다.

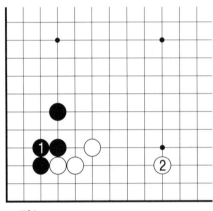

그림2

그림2(실패)

흑❶로 잇는 것은 너무 소극적이다.
백②로 전개하고 나면 앞 그림과 비
교할 때 집에서 상당한 차이가 난다.

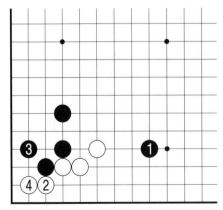

그림3

그림3(백, 안정)

흑❶로 협공하는 것은 너무 기분에
치우친 수이다. 백②로 젖힌 후 ④에
뻗고 나면 백의 실리가 상당하다.

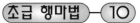

위협적인 절단

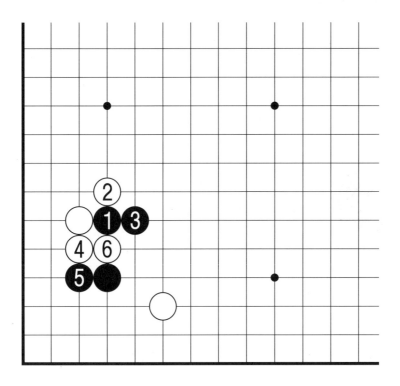

백의 양걸침에 대해 흑이 ❶로 붙이고 ❸으로 뻗자 백 ④ · ⑥으로 절단을 감행해 온 장면이다. 이 경우 흑은 어떤 요령으로 응수하는 것이 최선일까?

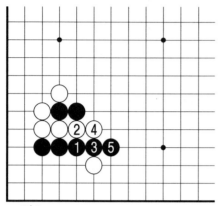

그림1

그림1(정해)

상대가 강한 곳인 만큼 흑❶·❸처럼 늦춰서 받을 곳이다. 흑❺까지 귀를 크게 차지해서 충분하다.

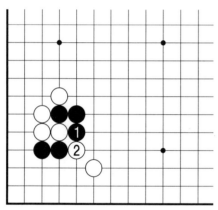

그림2

그림2(흑의 무리)

곧장 흑❶로 막는 것은 백②의 절단이 통렬하다. 계속해서…

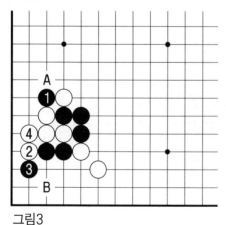

그림3

그림3(흑, 곤란)

앞 그림에 계속해서 흑❶로 끊어 반격을 시도해도 백이 ②·④로 젖혀 잇고 나면 A와 B의 약점이 부담으로 남을 뿐이다.

상용의 끼움수

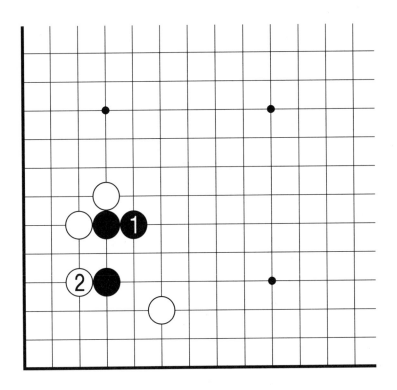

흑❶로 뻗자 백②로 붙여 온 장면이다. 이와 같은 형태에
서 모양을 정비하는 상용의 행마법이 있다.

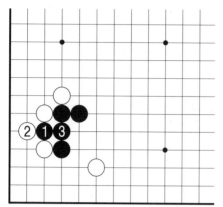

그림1

그림1(정해)

흑❶·❸으로 끼워 잇는 것이 좋은 행마법이다. 흑❶·❸은 자신의 약점을 보강하는 동시에 백 모양에는 약점을 남기고 있다.

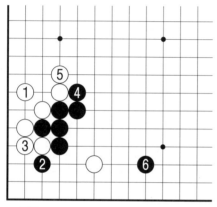

그림2

그림2(정석)

앞 그림에 계속해서 백은 ①로 호구쳐서 약점을 보강할 수밖에 없다. 흑은 ❷·❹를 선수한 후 ❻으로 협공해서 하변의 주도권을 잡을 수 있다.

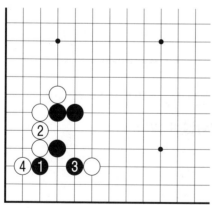

그림3

그림3(흑, 손해)

흑❶로 젖히는 것은 백②로 잇는 것이 호착이 된다. 흑❸으로 약점을 보강한다면 백④로 젖혀서 귀가 백의 차지가 된다.

막는 방향

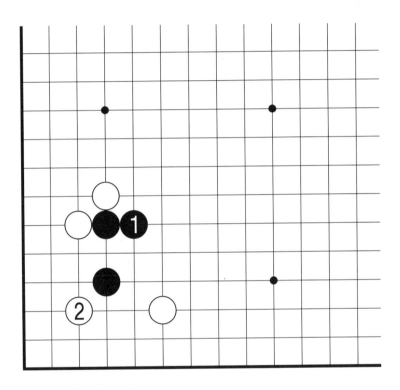

흑❶로 뻗자 백이 ②로 3·三 침입한 장면이다. 이후 흑
은 어떤 방향으로 막느냐가 중요하다. 될 수 있으면 막
는 방법도 함께 고려한다.

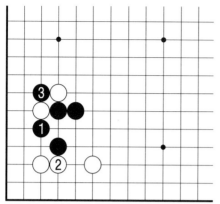

그림1

그림1(정해)

흑❶로 호구쳐서 막는 것이 좋은 행 마법이다. 백②로 연결한다면 흑❸ 으로 단수쳐서 형태를 정비할 수 있 다.

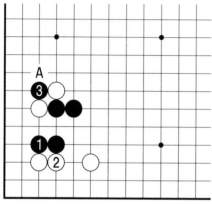

그림2

그림2(흑, 미흡)

흑❶로 막는 것은 막는 방법이 틀렸 다. 백②, 흑❸ 이후 A의 활용수가 남는다는 것이 큰 차이점이다.

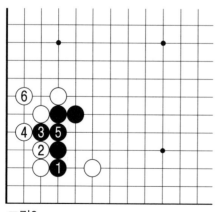

그림3

그림3(하변을 중시)

흑❶로 막은 것은 하변을 중시할 때 가능한 수단. 백②로 연결한다면 흑 ❸·❺로 끼워 잇는 것이 앞에서 공 부한 요령 그대로이다. 그러나 전체 적으로 백의 실리가 크다.

빈삼각은 우형

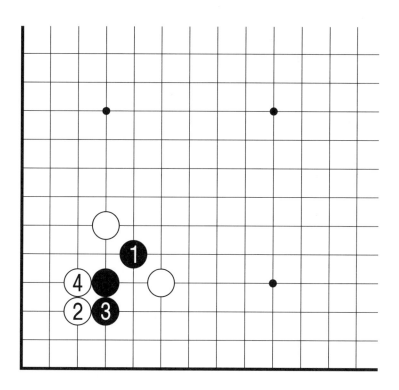

흑**❶**로 발전자 중앙을 가르자 백이 ②로 침입한 모습이
다. 흑**❸**, 백④ 이후 흑이 어떤 요령으로 형태를 정비할
것인지가 관건이다.

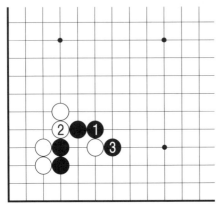

그림1

그림1(정해)

흑❶로 막는 것이 좋은 행마법이다.
백②에는 흑❸으로 젖혀서 백 한 점
을 제압할 수 있다.

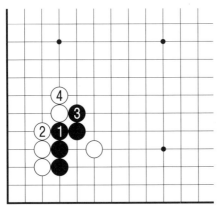

그림2

그림2(빈삼각)

흑❶은 빈삼각의 우형이라 내키지 않
는다. 흑❸, 백④까지 오른쪽 백 한
점을 확실하게 제압하지 못했다.

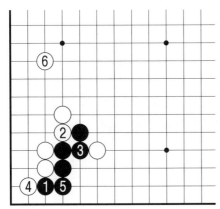

그림3

그림3(백, 활발)

흑❶로 젖히는 수 백②의 선수활용
이 쓰라리다. 흑❸으로 잇는 자세가
흑은 빈삼각의 우형이다. 백⑥까지
흑 불만.

제압 방법

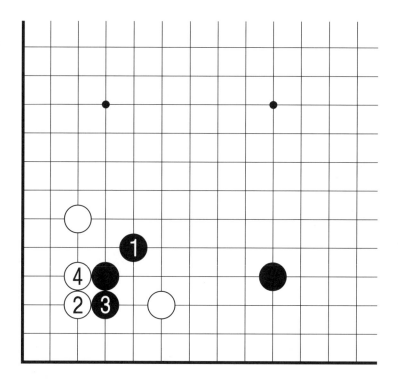

흑❶은 비교적 간명한 응수법. 계속해서 백②로 침입하고 흑❸, 백④까지 진행되었을 때 흑이 오른쪽 백 한 점을 어떤 방법으로 제압할 것인지가 관건이다.

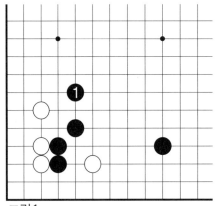

그림1

그림1(정해1)

흑❶로 한 칸 뛰어 크게 공격하는 것
이 이 경우 적절한 행마법이다.

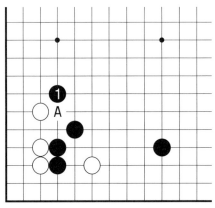

그림2

그림2(정해2)

흑❶로 씌워서 두는 강수가 가능하
다. 단 주의해야 할 사항은 백이 A에
나와서 끊었을 때 대응법을 알고 있
어야 한다.

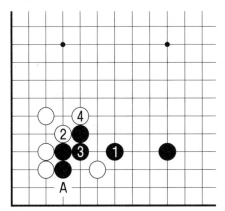

그림3

그림3(실패)

흑❶로 씌워서 백 한 점을 잡는 것은
좋지 않다. 백은 ②를 선수한 후 ④
에 호구치게 된다. 이 형태는 흑 모양
이 빈삼각의 우형일 뿐 아니라 A의
끝내기도 남아 있다.

상용의 응수타진

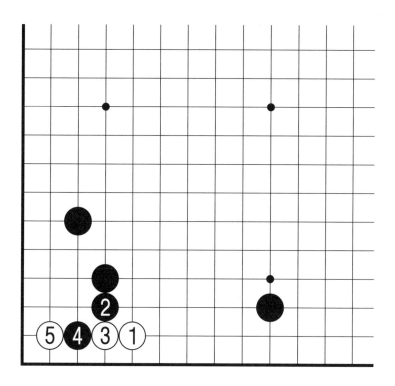

백①로 저공비행했을 때 흑❷는 하나의 응수법. 계속해서 백이 ③으로 민 후 ⑤에 붙여서 응수를 물어 온 장면이다. 흑은 어떻게 응수하는 것이 최선의 행마법일까?

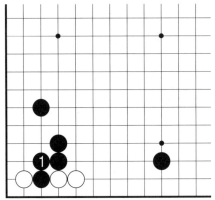

그림1

그림1(정해)

흑❶로 잇는 것이 좋은 행마법이다. 흑❶은 집으로는 손해이지만 백을 쉽게 안정시켜 주지 않겠다는 뜻이 강하다.

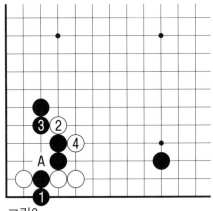

그림2

그림2(백의 약점)

흑❶로 차단하고 싶지만 이 수는 A의 약점이 부담으로 남는다. 백②· ④ 이후 흑은 A의 약점 때문에 백을 함부로 공격할 수 없다.

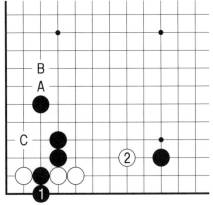

그림3

그림3(백의 노림수)

흑❶에는 백②로 벌려서 귀의 약점을 노리는 방법도 있다. 노림이란 A와 B의 활용수를 말하는 것으로 귀는 항상 C가 선수로 듣고 있다.

기세의 절단

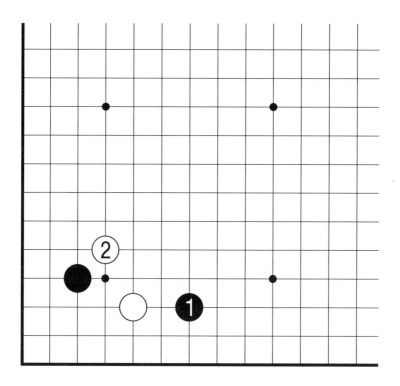

흑❶로 협공하자 백②가 ②로 씌워 온 장면이다. 흑은 기
세에서 밀리고 싶지 않은데 최선의 행마법은?

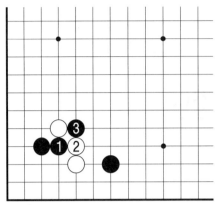

그림1

그림1(정해)

흑❶·❸으로 나가서 끊는 것이 적절한 행마법이다. 흑은 협공한 한 점이 대기하고 있는 만큼 충분한 싸움이다.

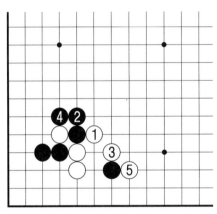

그림2

그림2(정해 계속)

그림1에 계속해서 백은 ①로 단수친 후 ③으로 호구치는 정도이다. 흑❹, 백⑤까지 쌍방 불만없는 갈림이다.

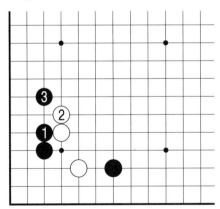

그림3

그림3(실패)

흑❶로 받는 것은 기백이 부족한 수이다. 백②, 흑❸ 이후 오른쪽 흑 한 점이 공격받는다.

우형을 피해서

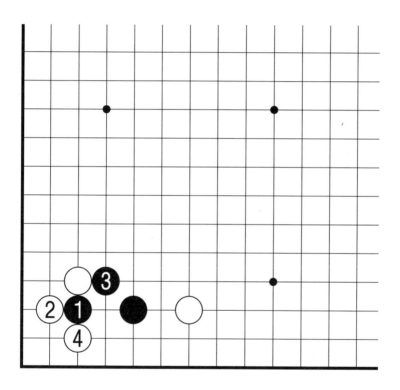

흑❶·❸ 때 백이 ④로 단수친 장면이다. 흑은 우형이 되는 것은 될 수 있으면 피해야 한다. 적절한 행마법은?

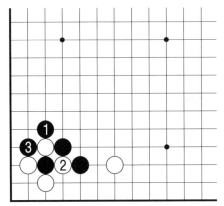

그림1

그림1(정해)

흑❶로 단수치는 것이 정해이다. 백②로 따낸다면 또다시 흑❸으로 단수쳐서 강력하게 패의 형태를 유도한다.

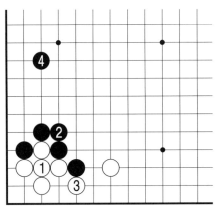

그림2

그림2(정해 계속)

그림1에 계속해서 백은 ①로 잇는 정도이다. 계속해서 흑도 ❷로 잇고 백③, 흑❹까지 일단락인데 피차 불만 없는 갈림이다.

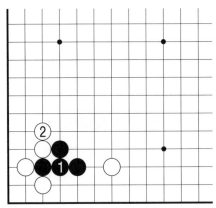

그림3

그림3(실패)

흑❶로 잇는 것은 빈삼각의 우형이라 흑이 좋지 않다. 백②로 뻗고 나면 흑만 일방적으로 공격받는 형태이다.

근거 장만

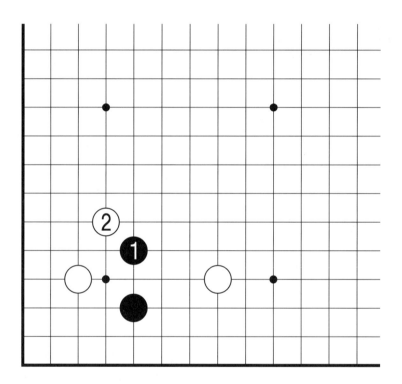

흑❶로 한 칸 뛰자 백이 ②로 날일자해서 응수한 장면이다. 근거가 없는 흑은 재빨리 집을 갖고 안정을 취하고 싶은데, 적절한 행마법은?

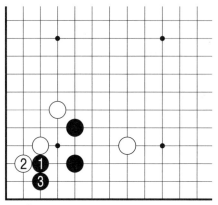

그림1

그림1(정해)

흑❶로 붙인 후 백② 때 흑❸으로 뻗는 것이 좋은 행마법이다. 이제 이 흑돌은 더 이상 공격받지 않는 형태이다.

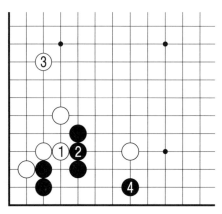

그림2

그림2(정해 계속)

앞 그림에 계속해서 백은 ①을 선수한 후 ③으로 전개하는 정도이다. 흑은 ❹로 눈목자해서 확실하게 안정된 모습이다.

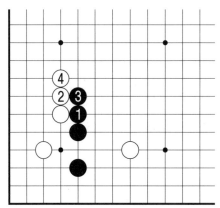

그림3

그림3(실패)

흑❶로 밀어서 백②로 뻗게 하는 것은 대악수이다. 이하 백④까지 흑은 여전히 미생의 형태이지만 백집은 크게 굳어지고 있는 모습이다.

안정 방법

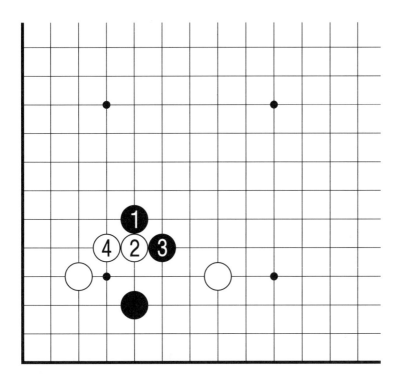

흑❶로 두 칸 뛰자 백이 ②로 붙인 후 ④에 뻗은 장면이
다. 이후 흑은 어떤 방법으로 형태를 정비할 것인지 선
택의 기로이다.

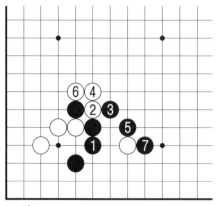

그림1

그림1(정해1)

흑❶로 뻗는 것이 좋은 행마법이다. 이후 백②로 끊는다면 흑❸으로 단수친 후 ❺에 호구쳐서 손쉽게 형태를 정비할 수 있다. 흑❼까지 쌍방 충분하다.

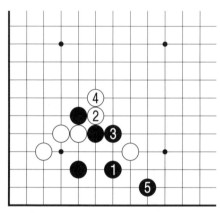

그림2

그림2(정해2)

흑은 ❶로 한 칸 뛰어서 둘 수도 있다. 백②로 끊는다면 흑❸으로 뻗는 것이 요령으로 백④, 흑❺까지 일단락이다.

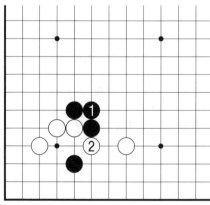

그림3

그림3(실패)

흑❶로 잇는 것은 너무 무겁다. 백② 로 젖히는 순간 아래쪽 흑 한 점은 크게 들어갈 가능성이 높아졌다.

보강 방법

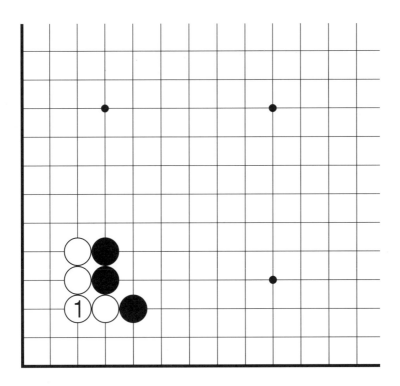

백①로 이은 장면이다. 백①로 잇고 나면 이번엔 흑이 약점을 보강할 차례인데, 어떤 방법으로 형태를 정비하는 것이 최선일까?

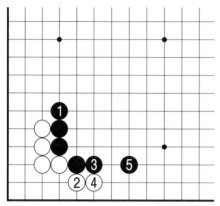

그림1

그림1(정해)

흑❶로 뻗는 것이 두점머리 급소를 방비하는 적절한 행마법이다. 계속해서 백은 ②·④를 선수하는 정도인데 흑❺까지 두터움을 구축할 수 있다.

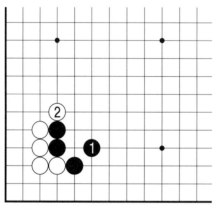

그림2

그림2(두점머리)

흑❶로 호구치는 것은 형태에 얽매인 보강법이다. 백②의 두점머리가 통렬하게 작용하고 있다.

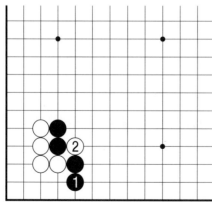

그림3

그림3(흑, 곤란)

흑❶로 내려서는 것은 무리수이다. 백②로 끊기는 순간 흑의 수습이 어려워졌다.

강력한 대응

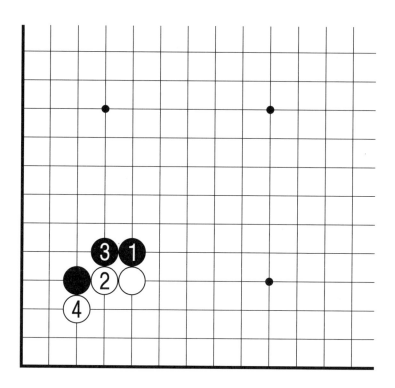

흑❶로 붙였을 때 백②는 두점머리를 자청해서 얻어맞은 악수. 흑❸, 백④ 때 흑은 강력한 방법으로 백의 실수를 추궁하고 싶다.

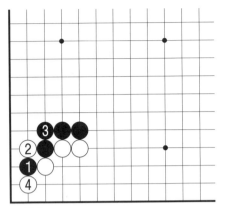

그림1

그림1(정해)

흑❶로 이단젖히는 것이 좋은 행마법
이다. 백②·④까지 흑 한 점이 잡히
지만···

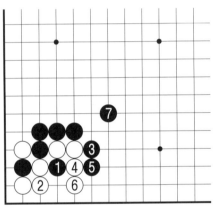

그림2

그림2(정해 계속)

앞 그림에 계속해서 흑은 ❶로 단수
친 후 이하 ❼까지 외곽을 튼튼하게
하는 수단을 준비해 두고 있다.

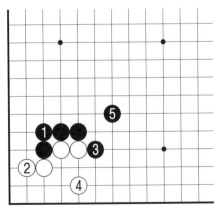

그림3

그림3(흑, 미흡)

단순히 흑❶로 잇는 것은 나약한 응
수법이다. 백②로 뻗고 이하 흑❺까
지의 진행을 예상할 때 그림2에 비해
흑이 미흡하다.

능률적인 처리

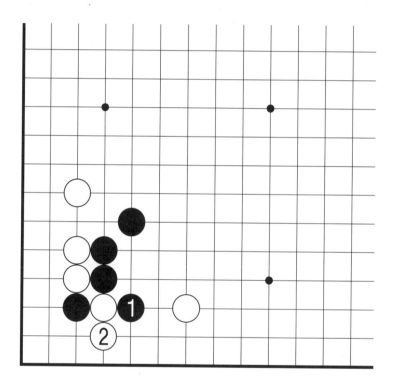

흑❶로 단수치자 백②로 뻗은 장면이다. 흑은 백의 약점을 이용해서 가장 능률적인 방법으로 형태를 정비하고 싶다.

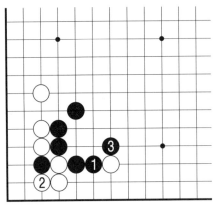

그림1

그림1(정해)

흑❶로 치받는 것이 좋은 행마법이
다. 백②로 보강할 수밖에 없을 때
흑❸으로 젖히면 흑은 모양이 깔끔하
다.

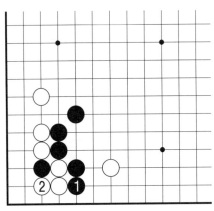

그림2

그림2(미흡)

흑❶로 막는 것은 좋지 않다. 백②
이후 오른쪽 흑 한 점을 제압할 뚜렷
한 방법이 보이지 않는다.

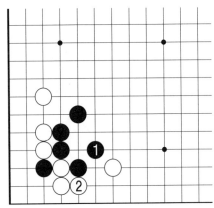

그림3

그림3(흑, 불만)

흑❶로 호구치는 것은 최악의 선택이
다. 백②로 넘는 순간 흑은 아무 것
도 한 것이 없다.

능률적인 차단

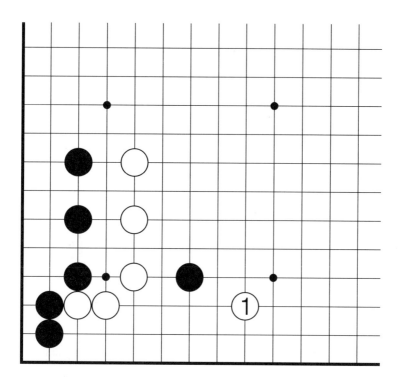

백①은 흑 한 점의 공격을 엿보면서 좌우 백돌에 대한 연결을 노린 수이다. 흑은 가장 능률적인 방법으로 백을 차단하고 싶다.

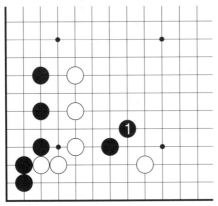

그림1

그림1(정해)

흑❶로 입구자하는 것이 상용의 행마 법이다. 흑❶은 백의 연결을 방해하면서 자신의 중앙 진출을 엿보는 능률적인 수단이다.

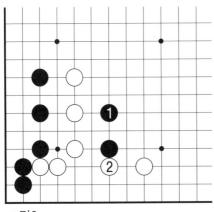

그림2

그림2(백, 연결)

흑❶로 한 칸 뛰는 것은 백②로 붙이는 순간 좌우 백이 연결되고 만다. 이후는 흑돌만 일방적으로 공격받는다.

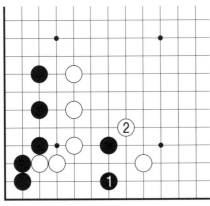

그림3

그림3(흑, 무리수)

흑❶로 한 칸 뛰어 차단하는 것은 무리수이다. 백②로 씌우는 순간 흑이 매우 어려워졌다.

효과적인 처리법

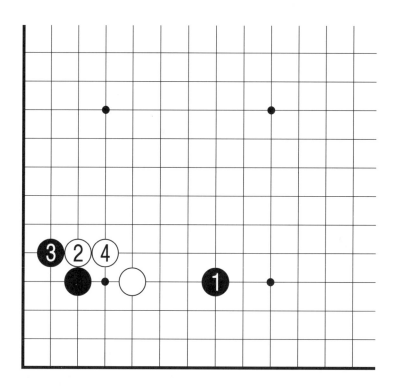

흑❶로 협공했을 때 백②로 붙인 것은 손쉽게 형태를 결
정짓겠다는 뜻이다. 흑❸, 백④ 이후 흑의 행마법이 관건
이다.

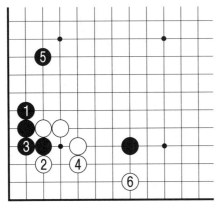

그림1

그림1(정해)

흑❶로 뻗는 것이 좋은 행마법이다.
백은 ②를 선수한 후 ④에 내려서는
정도인데, 흑❺, 백⑥까지 쌍방 불
만없는 진행이다.

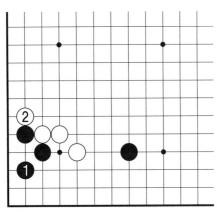

그림2

그림2(흑, 무리수)

흑❶로 호구치는 수는 백②로 막혀
서 좋지 않다. 이후는 흑이 어떻게 변
화해도 좋지 않다.

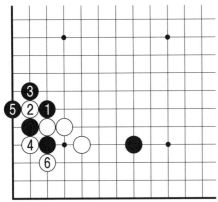

그림3

그림3(백, 편함)

보통이라면 흑❶로 젖히는 수가 정수
이다. 그러나 지금은 백⑥까지 백을
너무 쉽게 안정시켜 준 느낌이다.

배석관계

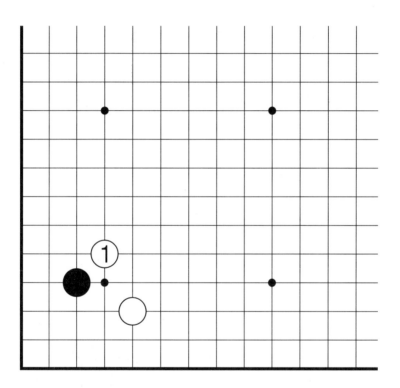

백①로 씌웠을 때 흑이 강력하게 나갈 것인가 아니면 타협할 것인가는 주변 배석이 결정적으로 영향을 미친다.

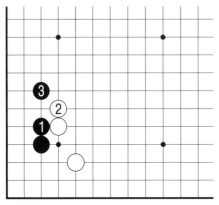

그림1

그림1(정해)

흑❶로 민 후 ❸으로 한 칸 뛰어 재빨리 안정을 도모할 것이다. 백에게 세력을 허용했지만 흑은 알기 쉽게 실리를 차지해서 충분하다.

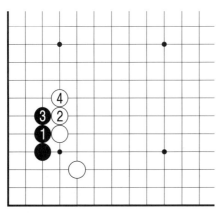

그림2

그림2(흑 손해)

흑❶, 백② 때 흑❸으로 한 번 더 미는 것은 의문이다. 백④로 뻗고 나면 백의 세력만 더욱 좋아질 뿐이다.

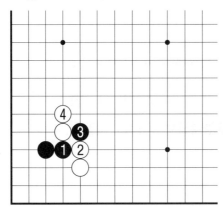

그림3

그림3(흑의 무리수)

흑❶·❸으로 나가서 끊는 것은 주변 배석 관계상 흑의 무리이다. 백④까지 흑이 불리한 싸움이다.

58

진출 방법

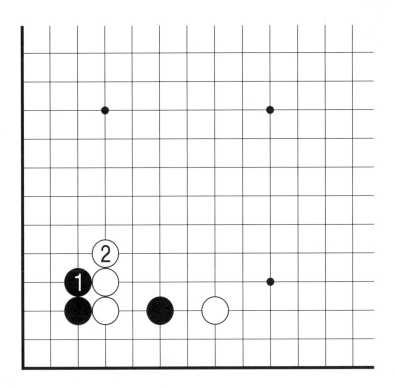

화점 정석에서 흔히 등장하는 형태이다. 흑❶, 백② 때 흑이 어떤 방법으로 변으로 진출할 것인지가 관건이다.

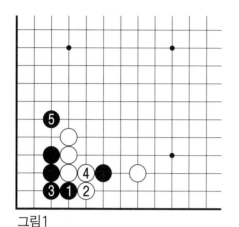

그림1

그림1(정해)

흑❶·❸으로 젖혀 잇는 것이 정해이다. 백④로 잇는 것을 기다려 흑❺로 한 칸 뛰면 진출이 가능한 모습이다.

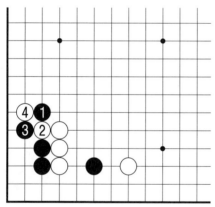

그림2

그림2(단점)

곧장 흑❶로 한 칸 뛰는 것은 의문이다. 백②·④로 절단하고 나면 어느 한 쪽은 포기해야 할 처지이다.

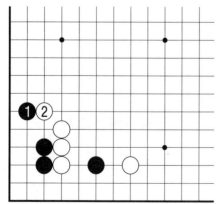

그림3

그림3(흑, 불만)

흑❶로 날일자하는 수 역시 찬성할 수 없다. 백②로 붙이는 순간 응수가 옹색해진다.

약점을 활용

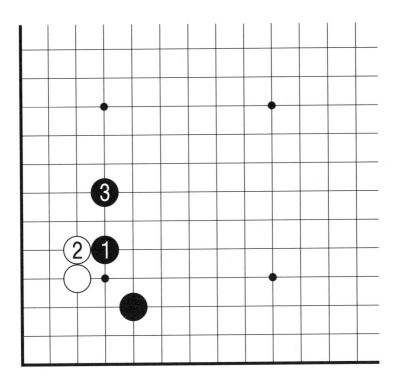

백①로 씌운 후 흑❷ 때 백③으로 한 칸 뛴 장면이다. 백 ③은 주문을 내포하고 있는 수인데, 흑의 적절한 행마법 은?

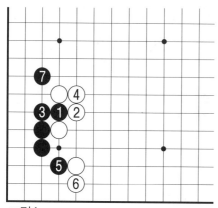

그림1

그림1(정해)

흑❶·❸으로 끼워 잇는 것이 정해
이다. 백④로 잇는 것을 기다려 이하
흑❼까지 변으로의 진출이 가능하다.

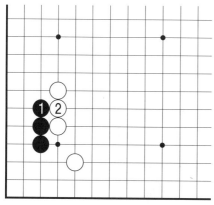

그림2

그림2(백, 두터움)

흑❶, 백②를 교환하는 것은 앞 그
림과 비교할 때 약점을 노릴 수 없는
만큼 흑이 좋지 않다.

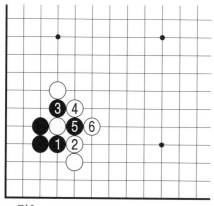

그림3

그림3(흑의 속수)

흑❶로 찌른 후 ❸으로 단수치는 것
은 속수이다. 백은 ④로 단수친 후
⑥으로 막는 것이 좋은 행마법으로
흑을 봉쇄할 수 있다.

잇는 방법

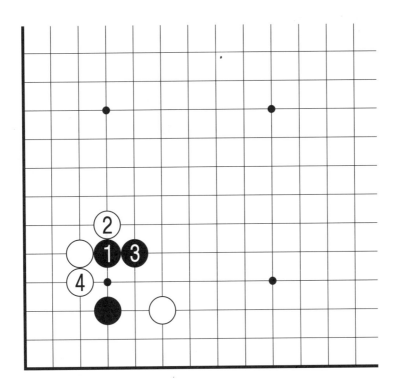

흑❶·❸으로 붙여 뻗자 백이 ④로 밀고 들어온 장면이
다. 흑은 어떤 방법으로 단점을 보강하는 것이 최선의
행마법일까?

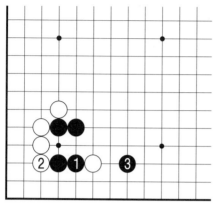

그림1

그림1(정해)

흑❶이 쌍립이 되는 급소이다. 백②
에는 흑❸으로 협공해서 형태를 정비
할 수 있다.

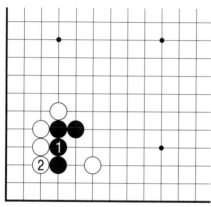

그림2

그림2(우형)

흑❶로 잇는 것은 빈삼각의 우형이라
좋지 않다. 백② 이후 오른쪽 한 점
을 공격할 뚜렷한 방법이 보이지 않
는다.

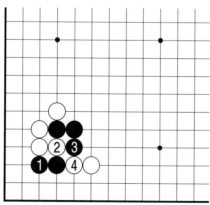

그림3

그림3(흑, 무리)

흑❶로 막는 것은 무리수이다. 백
②·④로 절단하고 나면 흑이 곤란한
모습이다.

패의 형태

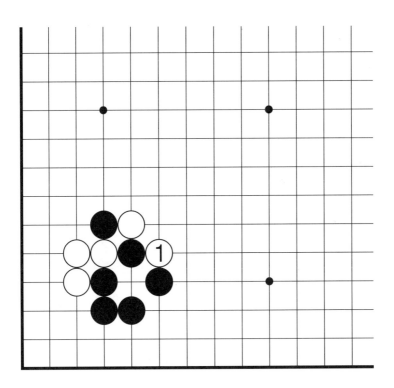

백①로 단수친 장면이다. 백①은 빈삼각의 우형을 강요
한 것인데, 흑은 어떻게 행마하는 것이 최선일까?

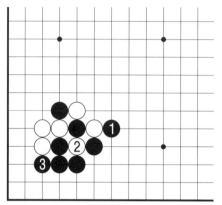

그림1

그림1(정해)

흑❶로 단수친 후 백② 때 흑❸으로
막는 것이 적절한 행마법이다. 계속
해서…

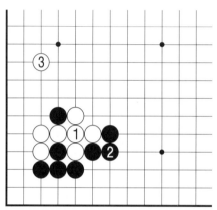

그림2

그림2(정해 계속)

앞 그림에 계속해서 백은 ①로 잇는
정도인데 자신이 빈삼각의 우형이 되
었다. 흑❷, 백③까지 흑이 약간 유
리하다.

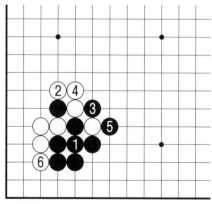

그림3

그림3(실패)

흑❶로 잇는 것은 너무 무겁다. 백②
로 단수치고 이하 백⑥까지의 진행을
예상할 때 백이 귀를 차지한 모습이
다.

큰 눈사태 정석

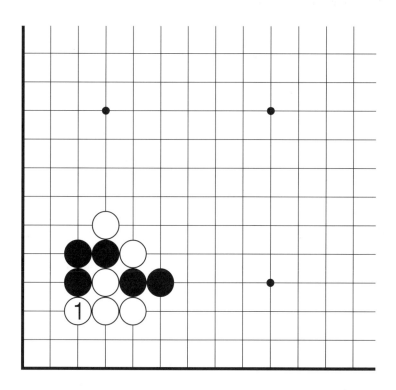

외목의 큰 눈사태 정석에서 등장한 형태이다. 백①로 막
았을 때 흑이 어떤 방법으로 형태를 정비할 것인지가 관
건이다.

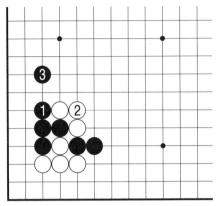

그림1

그림1(정해)

흑은 ❶로 두는 한 수이다. 백②로
잇는다면 흑❸으로 한 칸 뛰어 손쉽
게 형태를 정비할 수 있다.

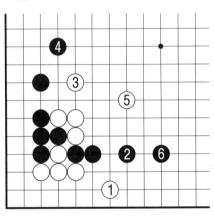

그림2

그림2(정해 계속)

앞 그림에 계속해서 백①로 날일자하
고 이하 흑❻까지가 예상되는 진행이
다. 이후는 피차 어려운 중앙전으로
접어들게 된다.

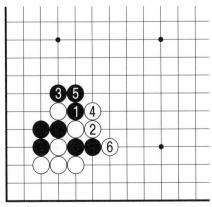

그림3

그림3(악수 교환)

흑❶로 단수쳐서 백②로 뻗게 하는
것은 대악수이다. 흑❸으로 단수치면
백 한은 잡을 수 있지만 백⑥까지 두
점을 잡힌 손해가 더욱 크다.

외목 정석에서

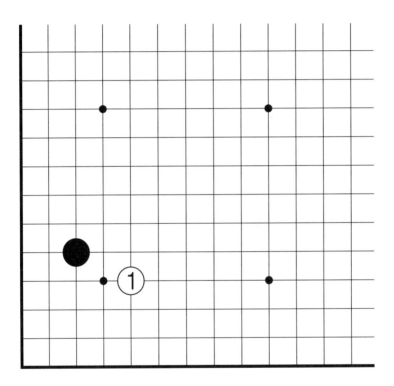

흑의 외목에 대해서 백①은 간명하게 형태를 정비하겠다는 뜻이다. 계속해서 흑은 가장 평범한 방법으로 귀를 차지하고 싶다.

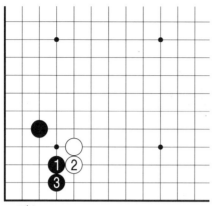

그림1

그림1(정해)

흑❶로 날일자하는 것이 가장 평범한 응수법이다. 백②에는 흑❸으로 내려서서 손쉽게 귀를 차지할 수 있다.

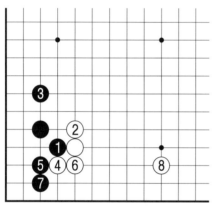

그림2

그림2(백, 두터움)

흑❶, 백②를 선수한 후 ❸으로 한 칸 뛰는 것은 좋지 않다. 백은 ④·⑥을 선수한 후 ⑧로 전개해서 두터움을 확립했다.

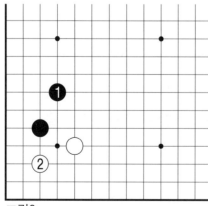

그림3

그림3(흑, 손해)

흑❶로 날일자해서 백②를 허용하는 것은 좋지 않다. 백②를 허용한 순간 귀의 주인이 백으로 바뀐 모습이다.

70

형태를 정비

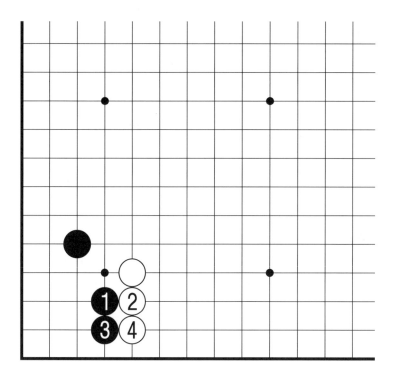

흑❶·❸으로 실리를 차지하자 백이 ④에 막아 온 장면이다. 흑 모양은 아직 손을 빼서는 안 된다. 적절한 행마법은?

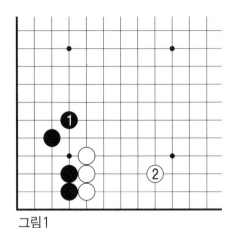

그림1

그림1(정해)

흑❶로 입구자하는 것이 적절한 행마법이다. 백②로 전개한다면 손을 빼서 큰 곳에 선행한다.

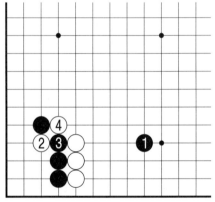

그림2

그림2(흑의 무리수)

얼핏 흑❶로 협공하고 싶은 충동이 드는 곳이다. 그러나 백에겐 백②·④로 건너 붙여 끊는 맥점이 준비되어 있다. 계속해서…

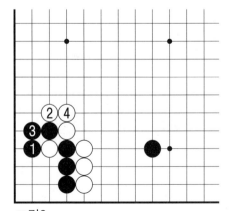

그림3

그림3(백, 만족)

앞 그림에 계속해서 흑은 ❸로 단수치는 정도인데 백②·④까지 백이 두터운 모습이다.

단수는 악수

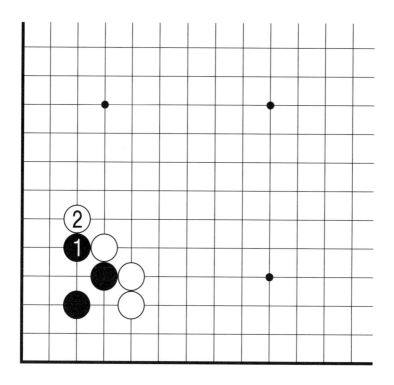

흑❶로 호구치자 백이 ②로 젖힌 장면이다. 흑이 어떤 방법으로 모양을 갖출 것인지가 관건인데, 단수를 결정짓는 것은 악수가 될 가능성이 높다.

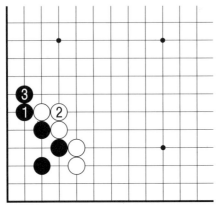

그림1

그림1(정해)

단수를 보류하고 ❶로 이단젖히는 것이 좋은 행마법이다. 계속해서 백②로 잇는다면 흑❸으로 뻗어서 변으로의 진출이 가능하다.

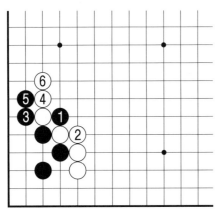

그림2

그림2(흑, 손해)

흑❶, 백②를 결정지은 후 ❸으로 단수치는 것은 좋지 않다. 백⑥까지의 진행을 예상할 때 백이 두터워졌다.

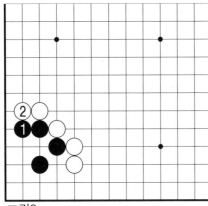

그림3

그림3(흑, 옹색)

흑❶로 늦춰서 받는 것은 너무 옹색한 수이다. 백②로 막히고 나면 흑이 좋지 않다.

근거의 요처

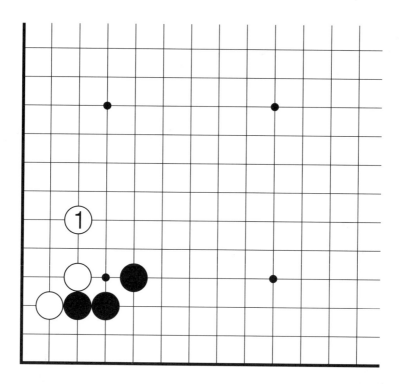

백①로 한 칸 뛴 수는 변으로의 발빠른 전개를 엿보고 있는 수이다. 백이 변을 중시한 만큼 흑은 당연히 이 곳에 손을 돌려야 한다.

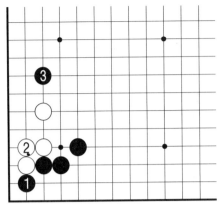

그림1

그림1(정해)

흑은 ❶로 젖히는 한 수이다. 계속해서 백②로 잇는 것은 의문수이다. 흑 ❸으로 다가서는 순간 백 전체가 미생마가 되고 만다.

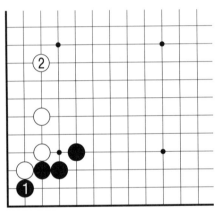

그림2

그림2(백의 정수)

흑❶로 젖히면 백은 ②로 두 칸 벌려 변으로 전개해야 한다. 귀를 허용했지만 백은 발빠르게 변을 차지해서 충분하다.

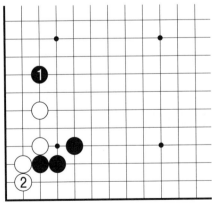

그림3

그림3(흑, 의문)

흑이 귀를 차지하지 않고 ❶로 다가서는 것은 의문수이다. 백②로 내려서면 흑은 양쪽이 모두 근거가 없는 약한 돌이 된다.

보강 방법

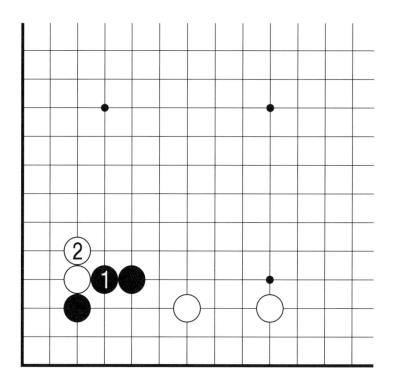

흑❶로 치받자 백②로 뻗은 장면이다. 흑은 귀를 지켜야
하는데 어떤 방법으로 지킬 것인지가 관건이다. 백에게
활용의 여지를 주지 않는 것이 중요하다.

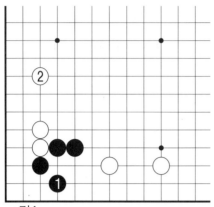

그림1

그림1(정해)

흑❶로 호구치는 것이 정해이다. 이렇게 호구쳐 놓으면 더 이상 백에게 활용당하지 않는다는 것이 장점이다. 백은 ②로 두 칸 벌려서 전개해야 하는데, 흑은 귀가 살아 있다는 것이 자랑이다.

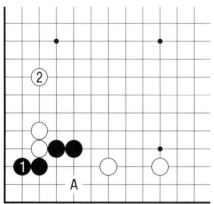

그림2

그림2(흑의 약점)

흑❶로 내려서는 것은 이 경우 좋지 않다. 백은 ②로 두 칸 벌린 후 A의 선수활용을 엿보게 된다. 백A로 들여다보면 흑 전체가 미생마로 몰릴 가능성이 있다.

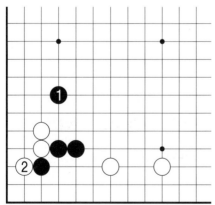

그림3

그림3(백, 만족)

흑이 귀를 보강하지 않고 ❶로 씌워서 공격하는 것은 실속 없는 수이다. 백②가 근거의 급소로 백은 손쉽게 안정을 취한 모습이다.

사석으로 활용

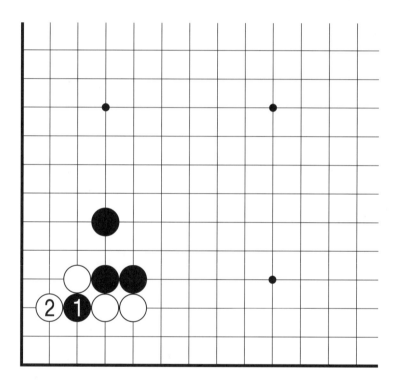

흑❶로 끊자 백②로 단수친 장면이다. 백②로 단수치면
흑❶로 끊은 한 점을 살릴 수 있는 방법이 없다. 그러나
이를 사석으로 활용해서 형태를 정비하면 충분하다.

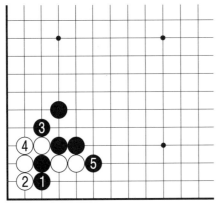

그림1

그림1(정해)

3선 돌은 흑❶처럼 두 점으로 키워 죽이는 것이 좋다. 백②로 막을 수밖에 없을 때 흑❸이 기분 좋은 선수활용이 된다. 백④로 이을 때 흑❺가 또한 선수로 작용한다. 계속해서…

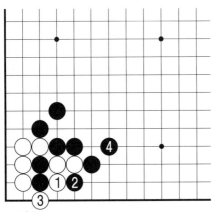

그림2

그림2(흑, 충분)

앞 그림에 계속해서 백은 ①로 단수쳐서 흑 두 점을 잡을 수밖에 없다. 흑은 ❷를 선수한 후 ❹에 호구쳐서 두터운 형태를 구축할 수 있다.

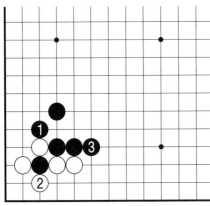

그림3

그림3(실패)

흑❶로 단수쳐서 백②로 따내게 하는 것은 묘미가 없다. 계속해서 흑은 ❸으로 뻗는 정도인데 앞 그림과 비교할 때 우변의 뒷문이 열려 있다는 것이 흑의 큰 불만이다.

80

안정 방법

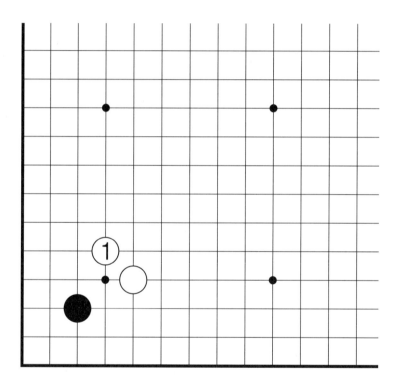

백①로 입구자해서 귀의 흑 한 점을 압박해 온 장면이다. 흑은 재빨리 안정을 취하고 싶은데, 어떻게 두는 것이 최선의 행마법일까?

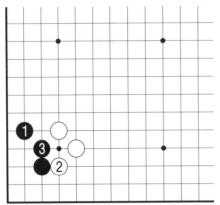

그림1

그림1(정해)

흑❶로 날일자해서 두는 것이 가장 알기 쉽다. 계속해서 백②로 마늘모 붙여 활용한다면 흑❸으로 연결해서 손쉽게 안정이 가능하다.

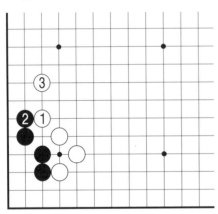

그림2

그림2(정해 계속)

앞 그림에 계속해서 백은 ①로 씌운 후 흑❷ 때 백③으로 한 칸 뛰어 흑을 봉쇄하는 정도이다. 백의 세력이 두텁지만 흑은 선수로 실리를 취해서 충분하다.

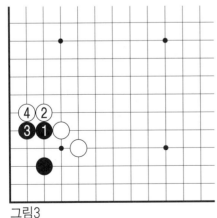

그림3

그림3(실패)

흑❶로 붙이는 것은 의문수이다. 백②로 젖히면 흑❸으로 물러서야 하는데 흑 모양이 갑갑하다.

강력한 어깨짚음

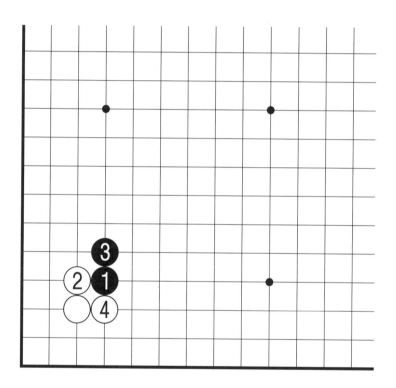

흑❶로 어깨짚은 것은 백의 3·三에 대한 유력한 걸침수
중 하나이다. 백②로 민 후 ④에 둔 것은 한 가지 처리법
인데, 이후 흑의 행마법이 관건이다.

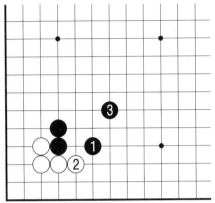

그림1

그림1(정해)

흑❶로 한 칸 뛰는 것이 중요한 행마법이다. 백②로 둘 수밖에 없을 때 흑❸으로 날일자하면 손쉽게 형태를 갖출 수 있다.

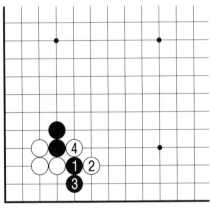

그림2

그림2(흑의 무리수)

흑❶로 젖히는 수는 무리수이다. 백②로 꺼붙이는 것이 강수. 계속해서 흑❸으로 내려선다면 백④로 절단해서 흑이 곤란하다.

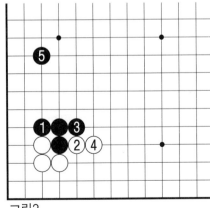

그림3

그림3(백, 우세)

흑❶로 막는 수는 좌변을 중시한 것이다. 그러나 백②·④까지 하변에 진출하고 나면 하변 백 모양이 이상적인 모습이다.

강력한 반발

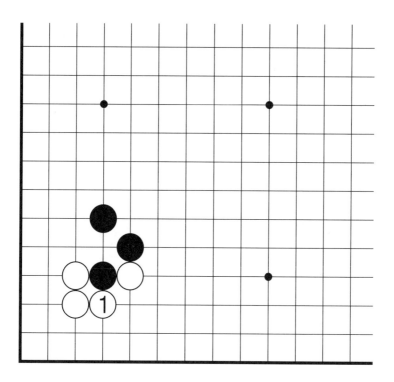

백①로 단수친 장면이다. 계속해서 흑이 한 점을 잇는 것
은 빈삼각의 우형이 생각하기 힘들다. 그렇다면 강력하
게 반발해야 하는데, 어떤 요령으로 행마하는 것이 최선
일까?

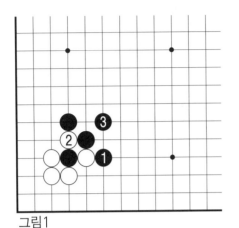

그림1

그림1(정해)

흑❶로 되단수치는 것이 이 경우 적절한 행마법이다. 백②로 따낸다면 흑❸으로 호구쳐서 중앙에 강력한 세력을 구축할 수 있다.

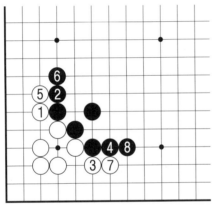

그림2

그림2(호각)

앞 그림에 계속해서 백은 ①·③으로 젖힌 후 이하 ⑦까지 실리를 차지하는 정도이다. 흑은 두터운 세력을 구축하게 되는데, 쌍방 불만없는 호각의 갈림이다.

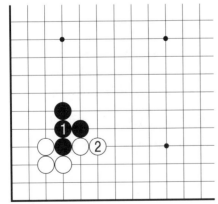

그림3

그림3(흑, 우형)

흑❶로 잇는 것은 하수의 발상이다. 백②로 뻗고 나면 하변 백 모양이 이상적일 뿐 아니라 흑은 미생마로 몰릴 위험이 있다.

이단젖힘 이후

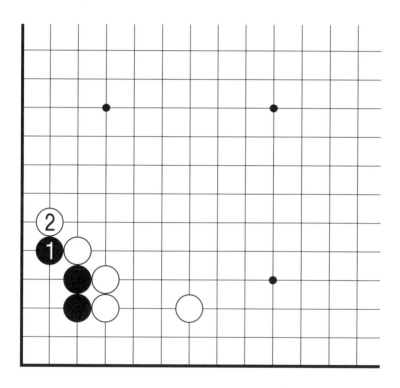

흑❶로 젖히자 백이 ②로 이단젖혀 온 장면이다. 백②의
이단젖힘은 귀의 실리를 중시할 때 가능한 행마법이라고
할 수 있는데, 흑의 적절한 대응책은?

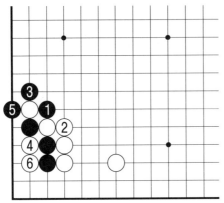

그림1

그림1(정해)

흑❶·❸으로 단수쳐서 백 한 점을 잡아야 한다. 백④·⑥이면 귀를 허용하지만 흑은 좌변에 세력을 구축해서 충분하다.

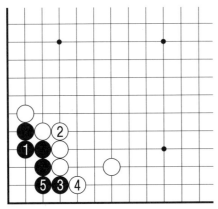

그림2

그림2(백, 두터움)

귀를 허용하지 않기 위해서 ❶로 잇는 것은 좋지 않다. 백②로 이으면 흑❸·❺로 젖혀잇고 살아야 하는데 백 세력이 매우 두텁다.

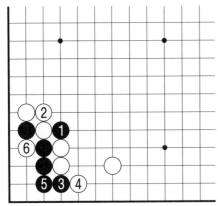

그림3

그림3(흑, 무모)

흑❶로 단수치는 것은 무모한 행마법이다. 백②로 잇고 나면 이하 백⑥까지의 수순에서 보듯 귀가 잡히고 만다.

제
2
장

중급 행마법

수습 방법

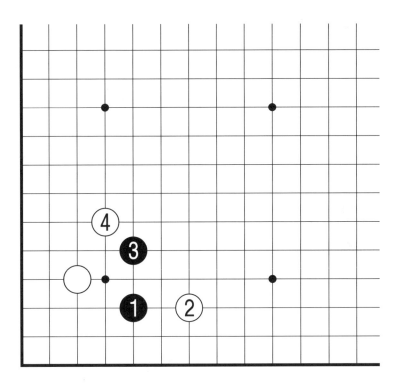

흑❶ · ❸ 때 백이 ④로 날일자해서 받은 장면이다. 이 경
우 흑은 어떤 방법으로 형태를 정비하는 것이 최선의 행
마법일까?

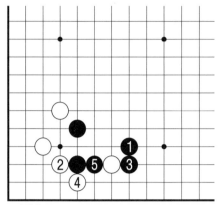

그림1

그림1(정해1)

흑❶로 씌우는 것이 좋은 행마법이
다. 계속해서 백②로 마늘모 붙이고
이하 흑❺까지의 진행이 예상되는데,
쌍방 호각의 갈림이다.

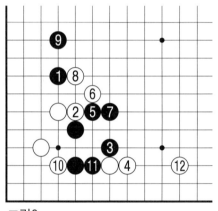

그림2

그림2(정해2)

흑❶로 두어서 돌의 리듬을 구하는
것도 일책이다. 계속해서 백②로 나
오는 것을 기다려 ❸으로 붙이는 것
이 수순이다. 백⑫까지가 예상되는
진행인데, 이 역시 쌍방 호각이다.

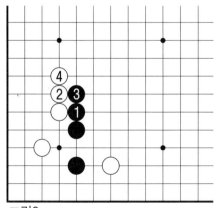

그림3

그림3(흑의 속수)

흑❶·❸으로 밀어서 백을 굳혀 주
는 것은 생각하기 힘들다. 백집만 굳
혀 주었을 뿐 흑은 여전히 불안전한
형태이다.

절묘한 사석전법

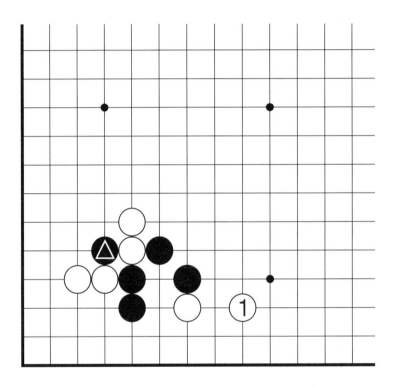

백①로 한 칸 뛰어 달아난 장면이다. 백이 이처럼 한 점을 움직이면 흑도 ● 한 점을 활용해서 수단을 부려야한다. 이 경우 상용의 행마법이 있다.

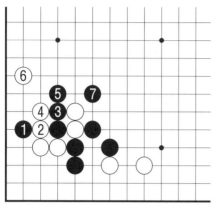

그림1

그림1(정해)

흑❶로 한 칸 뛰는 것이 절묘한 행마법이다. 백②·④·⑥으로 나오는 것을 기다려 흑❼까지 자연스럽게 백 두 점을 취할 수 있다.

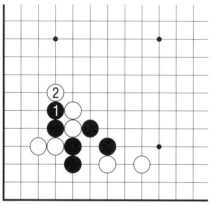

그림2

그림2(흑, 곤란)

흑❶로 밀고 나가는 것은 백②로 젖히는 순간 응수가 어려워진다. 이후는 흑이 어떻게 변화해도 좋지 않다.

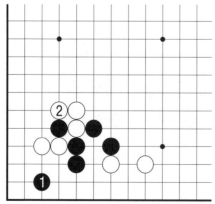

그림3

그림3(백, 두터움)

한 점을 움직이지 않고 흑❶로 날일자해서 근거를 갖추려는 것은 좋지 않다. 백②로 단수치고 나면 백이 두터운 결말이다.

난해한 젖힘

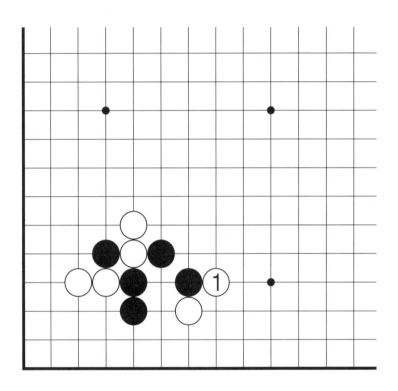

백①로 젖히면 변화가 다소 복잡해진다. 이후 흑은 어떤
방법으로 형태를 정비하는 것이 최선일까?

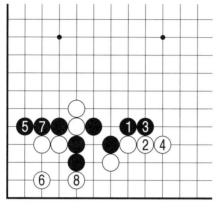

그림1

그림1(정해)

흑❶·❸을 선수한 후 ❺에 한 칸 뛰는 것이 좋은 행마법이다. 백은 ⑥으로 한 칸 뛴 후 ⑧로 붙여 연결의 형태를 취하는 것이 최선이다. 계속해서…

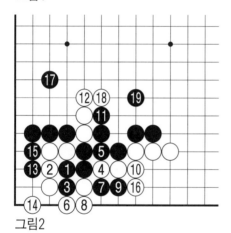

그림2

그림2(정해 계속)

앞 그림에 계속해서 흑은 ❶·❸을 선수한 후 ❺에 잇는 것이 좋은 수순이다. 이후 백⑥으로 넘고 이하 흑⓿까지 치열한 중앙전이 되는데, 서로가 어렵다.

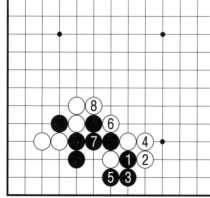

그림3

그림3(실패)

흑❶로 단수쳐서 백 한 점을 잡는 것은 너무 성급하다. 백은 ②로 단수친 후 이하 ⑧까지 두터움을 구축해서 충분하다.

돌의 방향

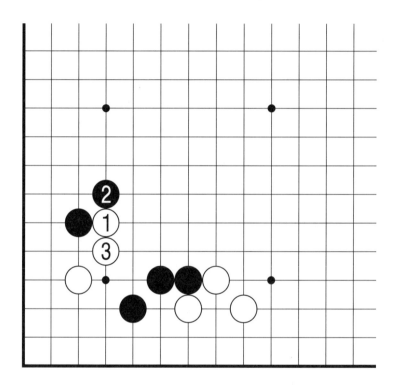

백이 ①로 붙인 후 ③으로 뻗어서 수습을 꾀한 장면이다.
이후 흑은 백의 근거를 박탈해서 공격적인 자세를 취할
것인지 아니면 적당히 봉쇄할 것인지 선택해야 한다.

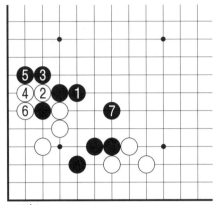

그림1

그림1(정해)

흑❶로 뻗어서 적당히 살려주는 것이 좋은 행마법이다. 이후 백은 ②로 끊어서 수습하게 되는데, 이하 흑❼까지 두터움을 확립해서 충분하다.

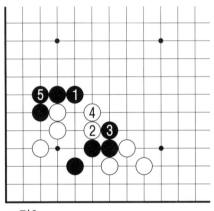

그림2

그림2(백의 무리)

흑❶ 때 백②로 움직이는 것은 무리수이다. 흑은 ❸으로 젖힌 후 백④ 때 ❺에 이어 백 전체를 무겁게 공격할 수 있다.

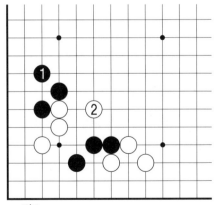

그림3

그림3(흑, 어려움)

흑❶로 호구치는 것은 너무 공격적인 자세를 취한 수이다. 백②로 한 칸 뛰면 아래쪽 흑 석 점이 도리어 공격받는 형태가 되었다.

축이 유리한 흑

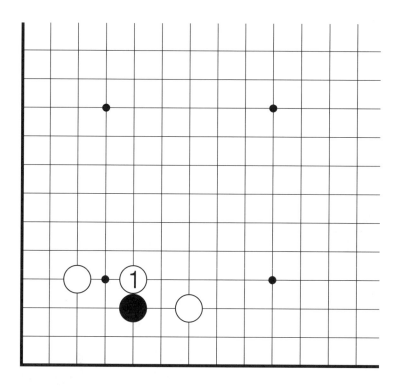

백①로 붙였을 때 흑이 수습하는 문제이다. 이 형태는 축
의 유불리를 반드시 확인하고 나서 다음의 행마를 결정
해야 한다.

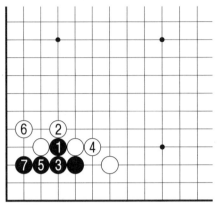

그림1

그림1(정해)

축이 유리하면 반드시 흑❶로 끼워서 두어야 한다. 축이 불리하면 백은 ②로 단수칠 수밖에 없다. 흑은 이하 ❼까지 삶의 형태를 갖추게 되는데, 백 모양에 약점을 만들었다는 것이 장점이다.

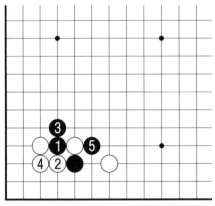

그림2

그림2(축)

흑❶ 때 백②로 단수치는 것은 좋지 않다. 흑❸·❺로 단수쳐서 백 한 점을 축으로 잡으면 흑이 두터운 결말이다.

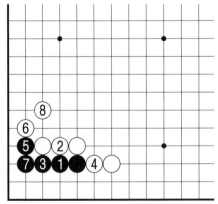

그림3

그림3(흑, 옹색)

축이 불리하다면 흑❶로 뻗어서 두는 수밖에 없다. 그러나 백⑧까지의 진행에서 보듯 그림1과는 두터움에서 상당한 차이가 난다.

패의 결행 여부

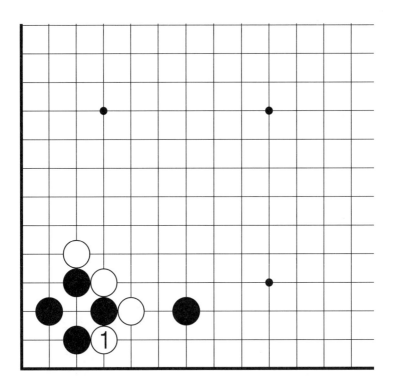

백①로 단수친 장면이다. 얼핏 흑을 잇는 한 수로 보이지만 빈삼각의 우형이라는 것이 마음에 걸린다. 흑은 어떤 요령으로 행마하는 것이 최선일까?

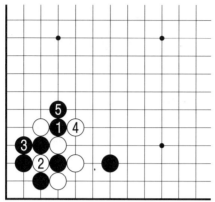

그림1

그림1(정해)

흑❶로 끊어서 패의 형태를 유도하는 것이 좋은 수이다. 백②로 따낸다면 흑❸으로 잇는다. 백④로 단수쳤을 때 흑❺로 뻗으면 백 전체가 미생마이다.

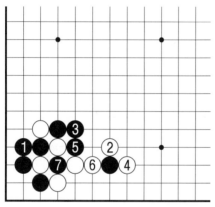

그림2

그림2(흑, 충분)

흑❶로 이엇을 때 백은 ②로 붙이는 것이 그나마 최선이다. 흑은 ❸으로 뻗은 후 이하 ❼까지 실리와 두터움을 동시에 확보한다.

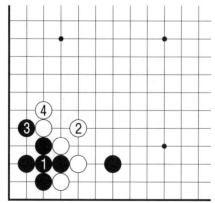

그림3

그림3(백, 우세)

단순히 흑❶로 잇는 것은 묘미가 없다. 백은 ②로 호구쳐서 손쉽게 형태를 갖출 것이다.

약점을 추궁

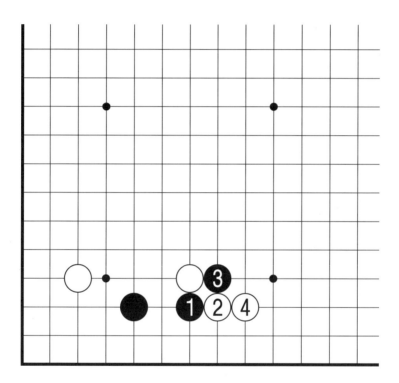

흑❶로 붙인 것은 백②때 흑❸으로 끊어서 수습하겠다는 뜻이다. 문제는 백④로 뻗었을 때 흑이 어떤 요령으로 형태를 정비하느냐이다.

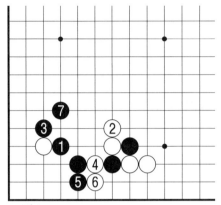

그림1

그림1(정해)

흑❶로 마늘모 붙이는 것이 좋은 행마법이다. 백은 ②로 뻗는 정도인데, 흑❸으로 젖힌 후 이하 ❼까지 귀를 크게 차지할 수 있다.

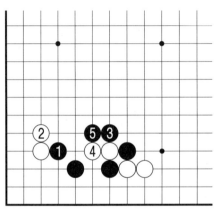

그림2

그림2(백, 무리)

흑❶로 마늘모 붙였을 때 백②로 받는 것은 무리수이다. 흑❸으로 단수친 후 ❺에 막는 순간 백이 불리한 형태가 된다.

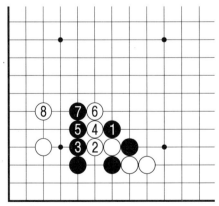

그림3

그림3(흑, 실패)

흑❶로 단수친 후 ❸·❺로 돌파하는 것은 보통의 행마법. 그러나 지금은 백⑧까지 별다른 실효를 거두기 힘든 형태이다.

날일자의 약점

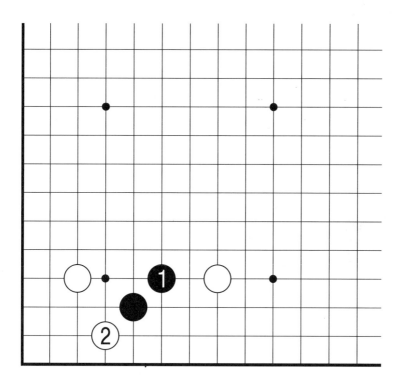

흑❶로 입구자해서 중앙 진출을 도모하자 백이 ②로 날 일자해서 근거를 위협한 장면이다. 흑은 귀의 약점을 추 궁해서 형태를 정비하고 싶다.

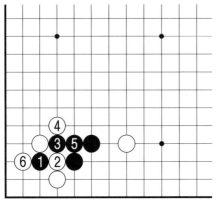

그림1

그림1(정해)

흑❶로 건너 붙이는 것이 좋은 행마법이다. 백이 ②로 끊은 후 이하 ⑥까지 흑 한 점을 잡는다면…

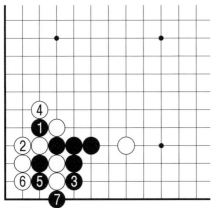

그림2

그림2(정해 계속)

앞 그림에 계속해서 흑은 ❶로 단수친 후 ❸으로 막는 것이 좋은 수순이다. 계속해서 백④로 단수친 것은 현명한 선택이며 흑은 이하 ❼까지 손쉽게 수습할 수 있다.

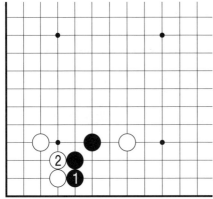

그림3

그림3(실패)

단순히 흑❶로 받는 것은 의문이다. 백②로 올라서는 순간 흑 전체가 근거 없이 미생마로 떠돌게 된다.

단수는 악수

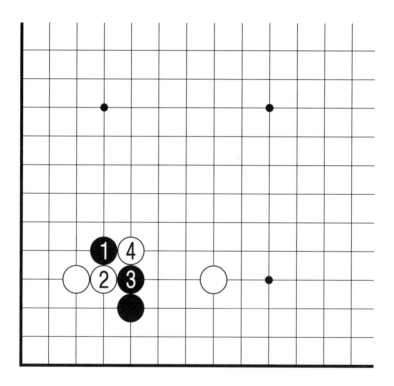

흑❶로 씌우자 백②·④로 절단을 한 장면이다. 흑은 가볍게 형태를 정비하고 싶은데, 어떻게 두는 것이 최선일까? 어느 쪽으로든 단수치는 것은 이 경우 좋지 않다.

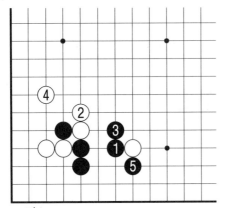

그림1

그림1(정해)

흑❶로 붙이는 것이 좋은 행마법이
다. 백②로 뻗는다면 흑❸이 침착한
호착. 백④, 흑❺까지 흑은 손쉽게
수습이 가능하다.

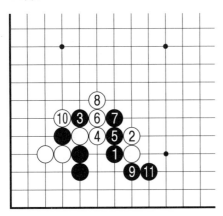

그림2

그림2(백의 변화)

흑❶ 때 백②로 올라선다면 흑❸으
로 단수친 후 ❺·❼로 돌파하는 것
이 예정된 수순이다. 흑⓫까지 흑은
수습이 가능한 모습이다.

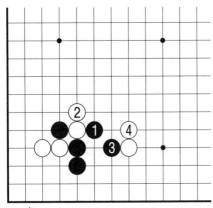

그림3

그림3(흑의 속수)

흑❶로 단수친 후 ❸으로 호구치는
것은 전형적인 속수 행마이다. 이 형
태는 흑 전체가 무겁게 공격받는 모
습이다.

가벼운 행마법

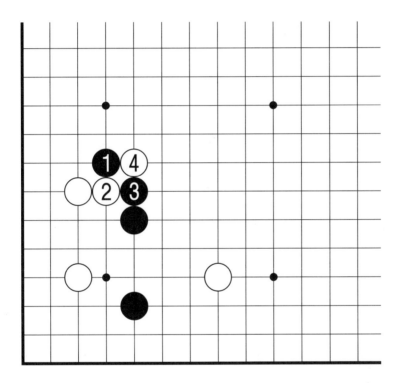

흑❶로 씌우자 백이 ②·④로 절단을 결행해 온 장면이
다. 이와 같은 형태에서 흑이 가볍게 모양을 정비하는
상용의 행마법이 있다.

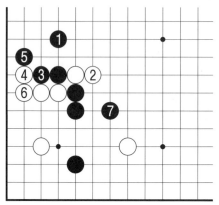

그림1

그림1(정해)

흑❶로 한 칸 뛰는 것이 좋은 행마법이다. 백은 ②로 뻗는 정도인데, 흑❸으로 막은 후 이하 흑❼까지 처리하면 흑으로선 충분한 싸움이다.

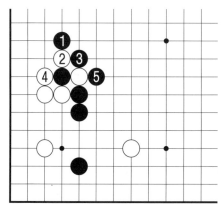

그림2

그림2(백, 불만)

흑❶ 때 백②로 단수치는 것은 의문수이다. 흑은 ❸으로 맞끊는 맥점이 준비되어 있다. 흑❺까지 봉쇄되어서는 백이 불리하다.

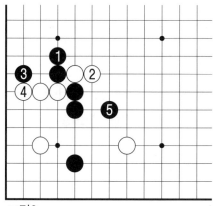

그림3

그림3(흑, 무거움)

단수를 꺼려서 흑❶로 뻗는 것은 좋지 않다. 백②로 뻗고 이하 흑❺까지의 진행이면 그림1과 비교할 때 흑돌이 무거운 모습이다.

밭전자 중앙

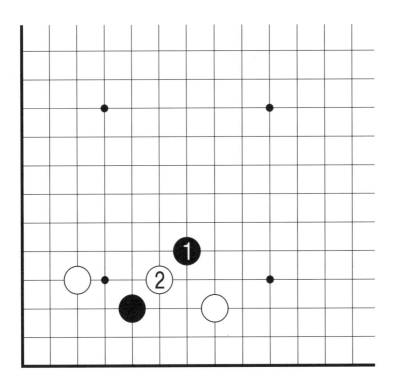

흑❶의 밭전자 행마는 상당한 책략을 내포하고 있는 수
단이다. 그러나 백②처럼 상대방이 자신의 급소를 찔러
왔을 때 대책이 서 있지 않다면 큰 화를 당한다.

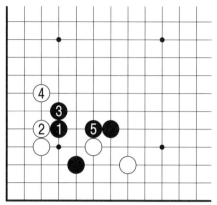

그림1

그림1(정해)

흑❶로 날일자하는 것이 좋은 행마법이다. 백②·④로 받을 때 흑❺로 막으면 백의 공격을 멋지게 방어한 모습이다.

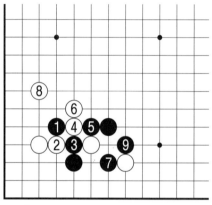

그림2

그림2(흑, 우세)

흑❶ 때 백②·④로 절단한다면 흑❸·❺로 단수친 후 ❼로 장문씌우는 것이 좋은 수순이다. 백⑧, 흑❾까지 흑이 우세한 결말이다.

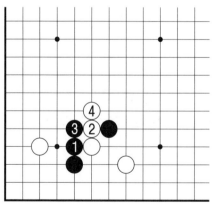

그림3

그림3(실패)

흑❶·❸으로 밀어서 백④까지 중앙을 두텁게 해 주는 것은 좋지 않다. 흑 석 점은 여전히 공격 대상이다.

상용의 붙임수

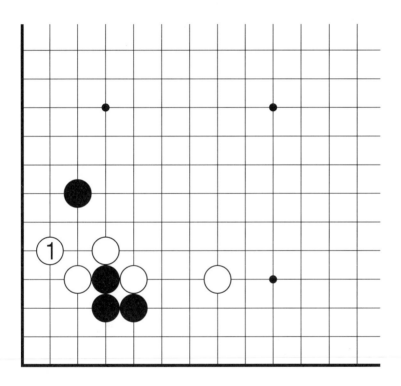

백①로 호구친 장면이다. 아래쪽 흑 석 점의 수습이 쉽지 않은 모습. 그러나 이와 같은 형태에서 모양을 정비하는 상용의 행마법이 있다.

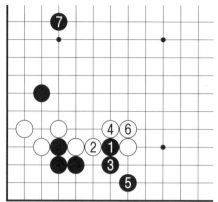

그림1

그림1(정해)

흑❶로 붙여서 행마하는 것이 좋은 수이다. 백②의 치받음에는 흑❸로 뻗은 후 ❺에 마늘모하는 것이 좋다. 백⑥을 기다려 흑❼로 전개하면 흑은 양쪽을 모두 처리했다.

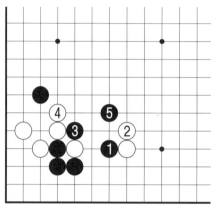

그림2

그림2(흑, 충분)

흑❶로 붙였을 때 백②로 올라서는 것은 의문이다. 흑은 ❸으로 단수친 후 백④ 때 흑❺로 진출해서 백돌에 대한 공격을 엿볼 수 있다.

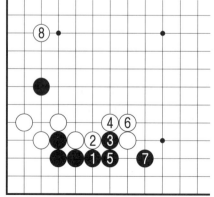

그림3

그림3(백, 우세)

그림1과 같은 맥점을 발견하지 못한다면 ❶로 뻗어서 수습하는 정도이다. 그러나 이하 백⑧까지의 진행을 예상할 때 정해와는 한 수 차이가 난다.

능률적인 수습

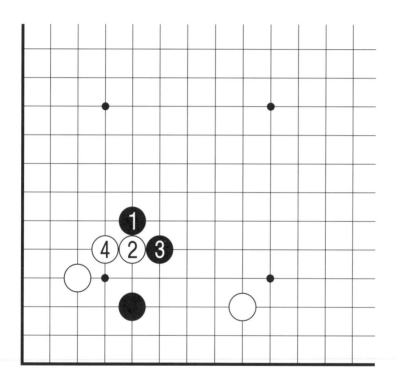

흑❶로 두 칸 뛰자 백이 ②에 붙여서 흑의 약점을 추궁한
장면이다. 흑은 가장 능률적인 방법으로 형태를 정비하
고 싶다. 적절한 행마법은?

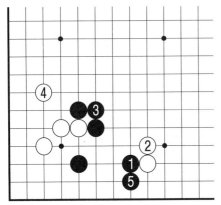

그림1

그림1(정해)

흑❶로 붙이는 것이 재미있는 행마법이다. 백②로 응수한다면 그때 흑❸으로 잇는 것이 수순이다. 백④, 흑❺까지 흑은 상당한 집을 갖고 안정했다.

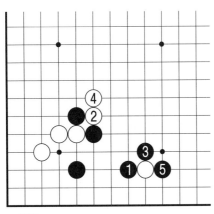

그림2

그림2(흑, 충분)

흑❶ 때 백②로 절단한다면 흑❸으로 젖혀서 응수한다. 백④, 흑❺까지 쌍방 기세의 진행인데, 흑은 두텁게 형태를 갖추어서 충분하다.

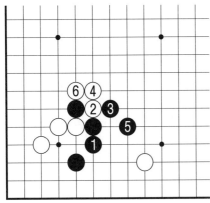

그림3

그림3(흑, 불만)

형태상 흑❶로 뻗기 쉬운 곳이다. 그러나 이하 흑❺까지의 진행을 예상할 때 흑이 하변 백 한 점에 대한 뚜렷한 공격 방법이 보이지 않는 만큼 좋지 않다.

116

날렵한 행마법

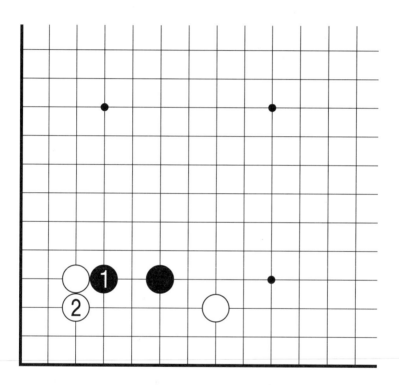

흑❶로 붙이자 백이 ②로 내려선 장면이다. 백②는 흑의 근거를 위협해서 크게 공격하겠다는 뜻이다. 흑은 상대가 강한 만큼 날렵하게 형태를 정비하고 싶다.

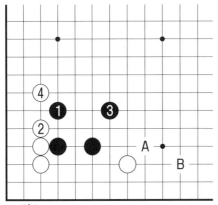

그림1

그림1(정해)

흑❶로 한 칸 뛰는 것이 날렵한 행마
법이다. 백②로 받을 수밖에 없을 때
흑❸이 또한 좋은 행마법. 백④ 이
후 흑은 A에 씌우거나 B의 협공수를
노린다.

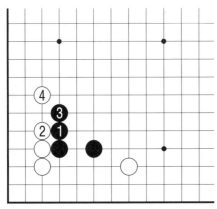

그림2

그림2(흑, 무거움)

흑❶·❸으로 두는 것은 다소 무거
운 행마법이다. 돌이 무거워지면 다
음의 행마를 결정하는 데 상당한 제
약이 뒤따른다.

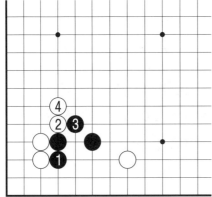

그림3

그림3(흑, 불만)

흑❶로 막는 수 역시 행마의 방향에
역행하는 수이다. 백②가 통렬한 두
점머리. 흑❸, 백④까지 흑이 불리
한 것은 당연하다.

기민한 선수활용

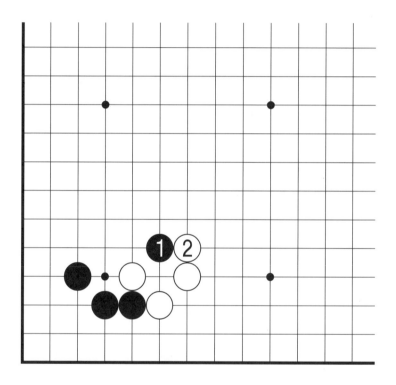

흑❶로 들여다보자 백이 ②로 막아 온 장면이다. 흑은 한
점을 끊기 전에 교환해 두어야 할 중요한 선수활용이 있
다. 그 선수활용이란 무엇을 얘기하는 것일까?

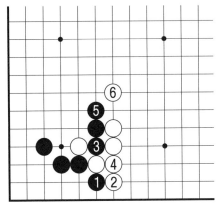

그림1

그림1(정해)

흑❶로 젖히는 것이 기민한 선수활용이다. 백②로 받는다면 흑❸이 선수로 듣는다. 백은 이하 ⑥까지 세력을 구축하게 되는데…

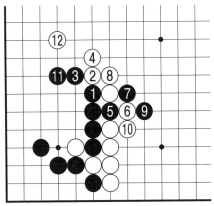

그림2

그림2(정해 계속)

앞 그림에 계속해서 흑은 ❶로 찌른 후 이하 ⓫까지 실리를 크게 차지하는 것이 좋은 수순이다. 그러나 백도 세력이 두터워서 불만이 없다.

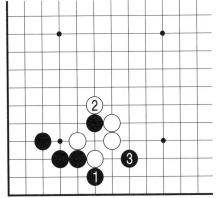

그림3

그림3(백의 변화)

흑❶ 때 백은 앞 그림의 변화가 싫다면 ②로 젖혀서 응수하는 수도 가능하다. 흑은 ❸으로 진출해서 충분한 모습이다.

잡는 방법

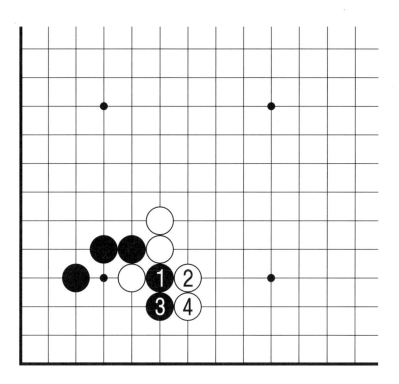

흑❶로 끊자 백이 ②로 단수친 후 ④에 막아 온 장면이다. 이후 흑은 백 한 점을 어떤 방법으로 잡을 것인지가 관건이다. 가장 탄력적인 행마법은?

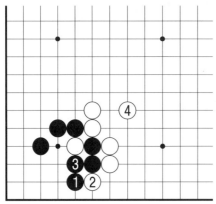

그림1

그림1(정해)

흑❶로 입구자해서 잡는 것이 좋은 행마법이다. 백은 ②로 단수친 후 ④·에 한 칸 뛰어 형태를 정비하는 정도이다. 이후 흑은 백 한 점을 잡는 수를 남겼다.

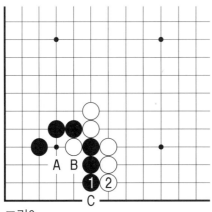

그림2

그림2(흑의 약점)

흑❶로 내려서는 것은 의문이다. 백은 ②로 막은 후 장차 백A, 흑B, 백C의 끝내기를 노릴 수 있다.

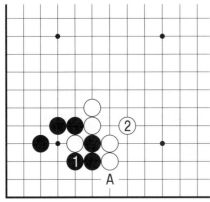

그림3

그림3(흑, 미흡)

흑❶로 잡는 수 역시 좋지 않다. 백은 ②로 지킨 후 장차 A에 내려서는 끝내기를 노릴 수 있다.

응수타진

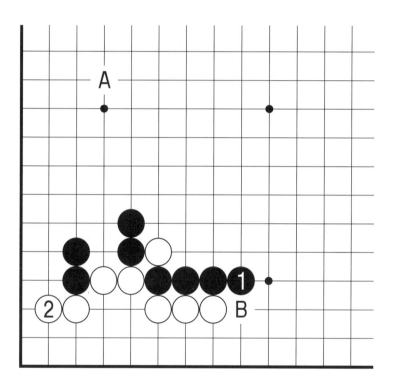

흑❶로 뻗자 백이 ②로 내려선 장면이다. 흑은 A에 벌리거나 B에 막기 전에 결행해 두어야 할 상용의 응수타진이 있다.

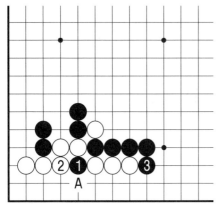

그림1

그림1(정해)

흑❶로 끊는 것이 상용의 응수타진이다. 백②로 단수친다면 흑❸으로 막는 것이 좋은 행마법. 이후 흑은 A의 활용수를 남겼다.

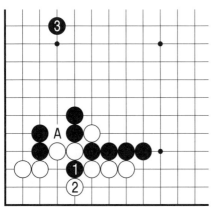

그림2

그림2(변화)

흑❶ 때 백②로 단수치는 변화이다. 이때는 흑❸으로 전개하는 것이 올바른 돌의 방향이다. 흑❶로 끊어 둔 덕택에 A에 끊는 수가 없어졌다는 것이 흑의 큰 자랑이다.

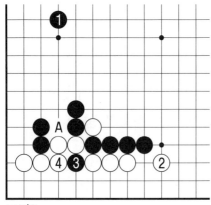

그림3

그림3(실패)

단순히 ❶로 전개하는 것은 묘미가 없다. 백② 때 뒤늦게 흑❸으로 절단하면 백은 ④로 단수칠 것이다. 흑은 A의 약점이 부담이다.

124

통렬한 돌파

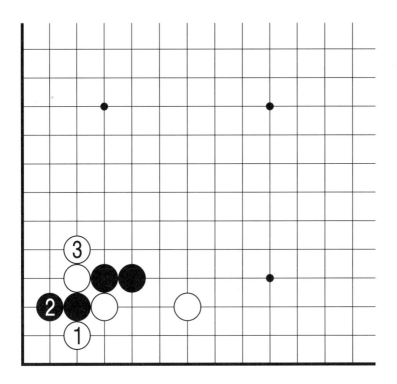

백①로 단수친 후 ③으로 뻗는 수는 무리수이다. 그러나 흑이 백의 무리수를 적절히 추궁하지 못한다면 도리어 무리수가 호착으로 변할 것이다.

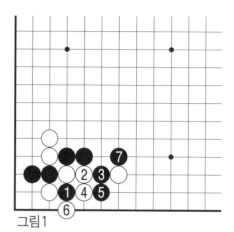

그림1

그림1(정해)

흑❶로 단수친 후 백② 때 흑❸으로 단수치는 것이 중요한 수순이다. 백 ④ 때 흑❺로 돌파하는 수가 통렬하다. 흑❼까지 흑, 성공.

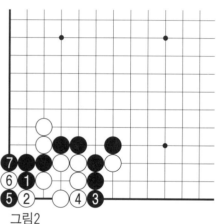

그림2

그림2(뒷맛)

앞 그림에 계속해서 백이 손을 빼면 귀는 흑❶로 막는 뒷맛이 성립한다. 이하 흑❼까지 패가 되어서는 백의 부담이 매우 크다.

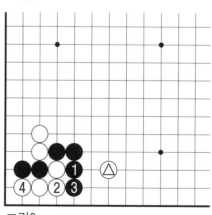

그림3

그림3(흑, 불만)

흑❶로 단수친 후 ❸으로 막아도 돌파는 가능하다. 그러나 정해와 달리 백△ 한 점을 제압할 뚜렷한 방법이 보이지 않는다는 것이 불만이다.

가벼운 처리법

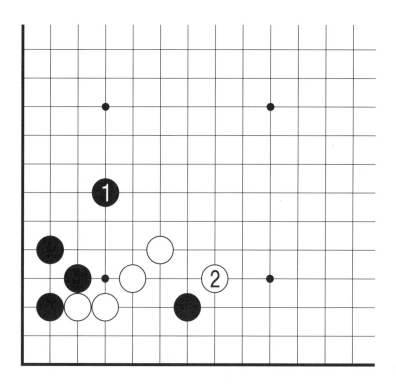

흑❶로 눈목자해서 형태를 강화하자 백이 ②로 씌운 장
면이다. 흑은 상대의 돌이 강한 만큼 가볍게 모양을 정
돈하고 싶다.

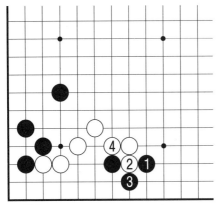

그림1

그림1(정해)

흑❶로 한 칸 뛰는 것이 가벼운 행마법이다. 백은 ②로 찌른 후 ④에 막는 정도이다. 이후 흑은 손을 빼서 큰 곳에 선행할 수 있다.

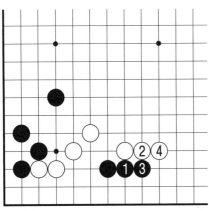

그림2

그림2(무거움)

흑❶로 밀어서 백②로 뻗게 하는 것은 좋지 않다. 흑❸, 백④까지 흑은 무거운 모습이라 이후 행마에 상당한 제약이 뒤따른다.

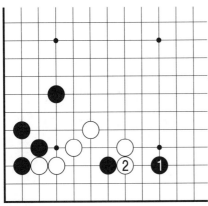

그림3

그림3(백, 만족)

흑❶로 두는 것은 너무 헤프다. 백②로 차단해서는 백의 실리가 크게 굳어진 모습이다.

128

가볍게 정돈

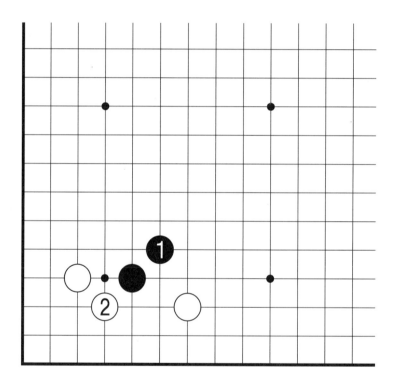

흑❶로 입구자하자 백이 ②에 두어서 근거를 위협한 장면이다. 백②는 흑이 차단해 주기를 바란 것인데, 흑은 어떻게 행마하는 것이 최선일까?

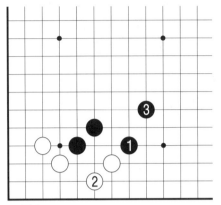

그림1

그림1(정해)

흑❶로 날일자해서 씌우는 것이 정해이다. 계속해서 백②로 연결한다면 흑❸으로 날일자해서 가볍게 모양을 정돈할 수 있다.

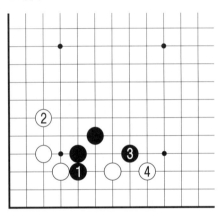

그림2

그림2(흑, 무거움)

흑❶로 막는 것은 백이 바라는 바이다. 백②로 받고 흑❸, 백④까지 진행되면 흑이 무거운 형태이다.

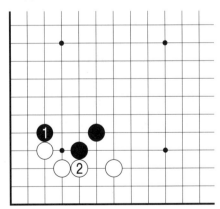

그림3

그림3(백, 연결)

흑❶로 붙이는 수도 고려할 수 있다. 그러나 백②로 넘는 자세가 너무 좋아서 흑이 좋다고 말할 수 없다.

효과적인 처리

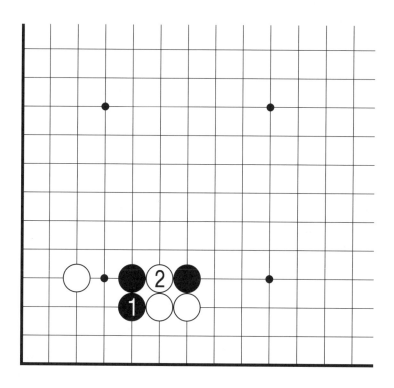

흑❶로 막자 백②로 돌파한 장면이다. 흑 두 점의 처리 방법이 관건인데, 어떤 요령으로 행마하는 것이 최선일까?

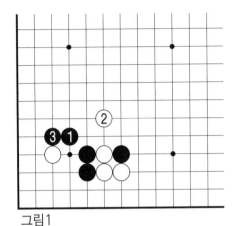

그림1

그림1(정해)

흑❶로 마늘모하는 것이 정해이다. 백②로 한 칸 뜰 때 흑❸으로 막으면 귀의 백 한 점을 제압할 수 있다.

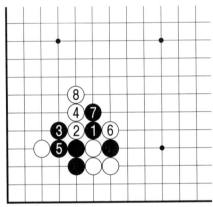

그림2

그림2(흑, 곤란)

흑❶로 막는 것은 무리수이다. 백은 ②로 끊는 것이 강수이다. 이하 백⑧까지가 예상되는 진행인데, 흑이 곤란한 형태이다.

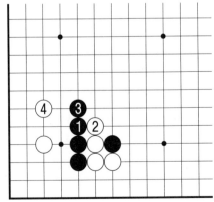

그림3

그림3(흑, 무거움)

흑❶은 비효율적인 행마법이다. 백②·④로 공격하면 흑 전체가 미생마로 몰리게 된다.

강력한 끼움수

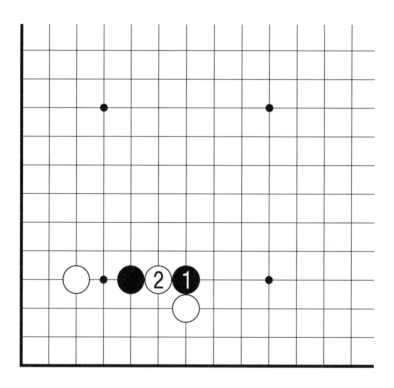

흑❶로 붙이자 백이 ②로 끼운 장면이다. 흑은 가장 강력
한 방법으로 맞서고 싶다. 어떤 수순을 밟는 것이 최선
일까?

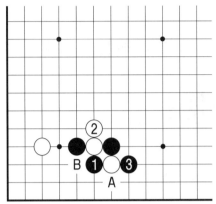

그림1

그림1(정해)

흑❶·❸으로 단수치는 것이 최강이
자 최선의 행마법이다. 이후 백이 A
에 나가는 것은 흑B로 이어서 백이
곤란하다.

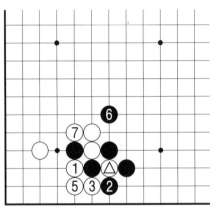

그림2

그림2(정해 계속)

앞 그림에 계속해서 백은 ①·③으로
단수치는 정도이다. 계속해서 흑❹로
잇고 이하 백⑦까지가 쌍방 최선을
다한 진행이다. 쌍방 호각의 갈림.

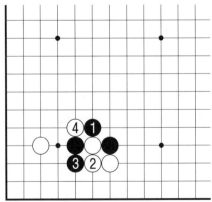

그림3

그림3(흑, 곤란)

흑❶로 단수친 후 ❸으로 막는 것은
무리수이다. 백④로 끊기는 순간 흑
의 수습이 어려워진다.

젖히는 방향

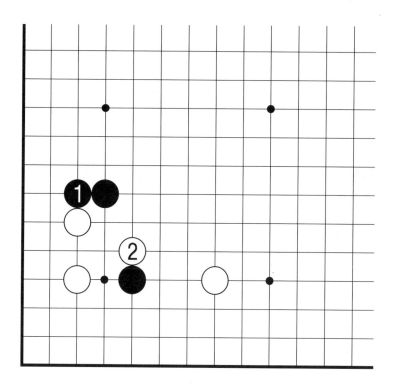

흑❶로 막자 백이 ②로 붙여 온 장면이다. 백②는 상하 흑을 분단시켜서 공격하겠다는 뜻이다. 흑은 어느 쪽으로 젖힐 것인가가 중요하다.

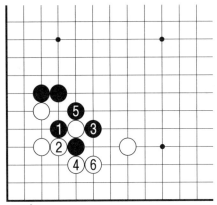

그림1

그림1(정해)

흑❶로 젖힐 곳이다. 백②로 끊을 때 흑❸으로 단수치는 수가 또한 좋은 수이다. 백은 ④·⑥까지 실리를 차지하는 정도인데, 흑의 두터움이 돋보인다.

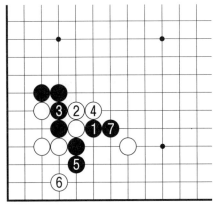

그림2

그림2(백의 무리)

흑❶로 단수쳤을 때 백②·④로 달아나는 것은 무리수이다. 흑❼까지 백의 고전이 역력하다.

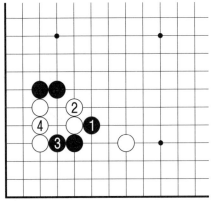

그림3

그림3(흑, 분단)

흑❶로 젖히는 것은 매우 좋지 않다. 흑❸, 백④까지의 진행이면 흑은 상하로 나뉘어 매우 피곤한 형태이다.

강력한 젖힘

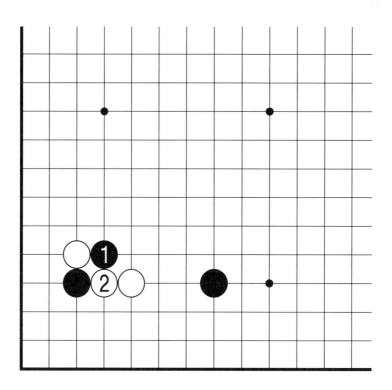

흑❶로 젖힌 수는 간명한 변화를 피한 것이다. 백②로 끊었을 때 흑에겐 전투를 유도하는 상용의 행마법이 있다.

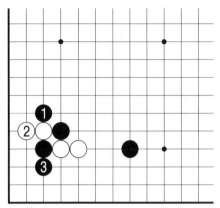

그림1

그림1(정해)

흑❶로 단수친 후 ❸으로 뻗는 것이 좋은 수순이다. 이와 같은 수단은 오른쪽에 자신의 돌이 있기에 가능한 수이다. 계속해서…

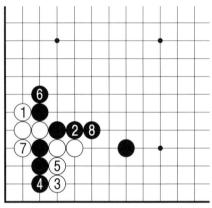

그림2

그림2(정해 계속)

앞 그림에 계속해서 백은 ①로 둘 수밖에 없는데 흑❷로 막는 것이 두텁다. 이후 백③으로 공격하고 이하 흑❽까지 세력 대 실리의 갈림이 된다.

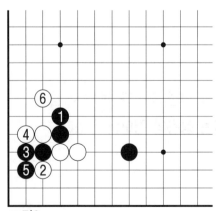

그림3

그림3(흑, 어려움)

단순히 흑❶로 뻗는 것은 의문이다. 백은 ②로 단수친 후 ④에 막는 것이 강수이다. 흑❺를 기다려 백⑥으로 진출하면 흑이 어려운 싸움이다.

축을 활용

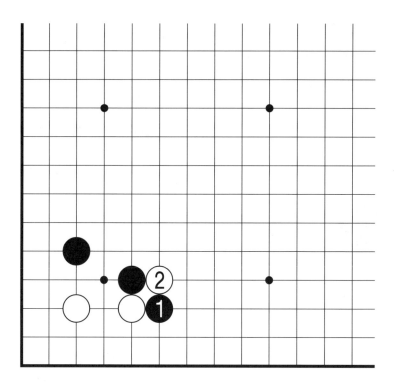

흑❶로 백②를 끊은 장면이다. 이와 같은 장면에선 형태
를 정비하는 상용의 수순이 있다. 우상귀 방면의 축은
흑이 유리하다.

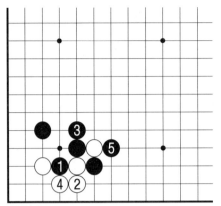

그림1

그림1(정해)

흑❶로 단수친 후 백② 때 흑❸으로 뻗는 것이 좋은 수순이다. 백④로 넘을 때 흑❺로 단수치면 백 한 점을 축으로 잡을 수 있다. 전체적으로 흑이 두터운 결말.

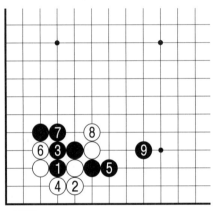

그림2

그림2(축이 불리할 때)

축이 불리하다면 흑❶, 백② 때 흑❸으로 잇는 것이 좋은 수이다. 이후 백④로 넘고 이하 흑❾까지 전투가 벌어지는데, 쌍방 호각의 갈림이다.

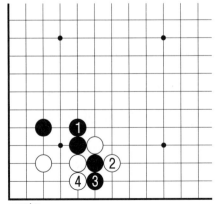

그림3

그림3(복잡)

흑은 단순히 ❶로 뻗는 수도 고려할 수 있다. 그러나 백②로 단수친 후 흑❸ 때 백④로 막으면 이후의 변화가 복잡하므로 흑은 그림1을 선택하는 것이 간명하다.

무리한 단수

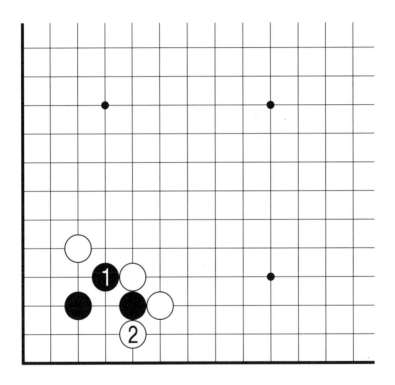

흑❶로 호구쳤을 때 백②에 단수친 것은 다소 욕심이 지
나친 수이다. 흑은 백의 무리수를 추궁해서 우세를 확립
하고 싶다. 적절한 행마법은?

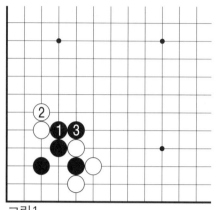

그림1

그림1(정해)

흑❶로 돌파하는 것이 좋은 행마법이다. 백②로 뻗는다면 흑❸으로 단수치는 것이 연관된 강수이다. 계속해서…

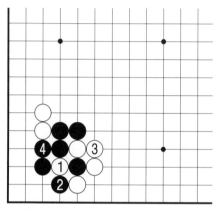

그림2

그림2(흑, 충분)

앞 그림에 계속해서 백이 ①로 따낸다면 흑❷로 단수쳐서 패의 형태를 유도하는 것이 좋다. 계속해서 백은 ③으로 잇는 정도인데, 흑❹로 보강해서 흑이 유리한 결말이다.

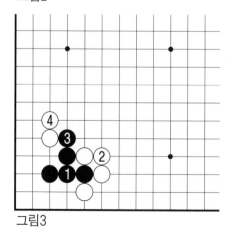

그림3

그림3(흑, 우형)

흑❶로 잇는 것은 우형이라 좋지 않다. 백②로 잇고 흑❸, 백④까지의 진행이면 앞 그림과는 상당한 차이가 난다.

기민한 활용

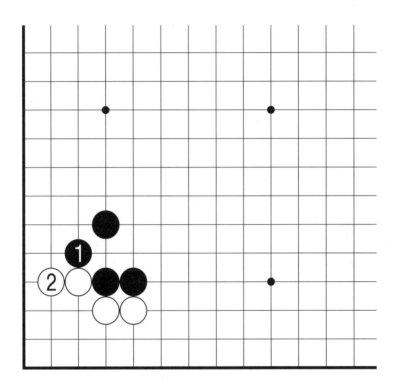

흑❶로 호구치자 백②로 내려선 장면이다. 흑은 백의 약
점을 활용해서 기민하게 형태를 정비하고 싶다.

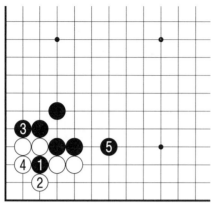

그림1

그림1(정해)

흑❶로 끊는 것이 기민한 응수타진이다. 백②로 단수친다면 흑❸으로 막는 것이 기분 좋은 선수활용이 된다. 백④, 흑❺까지 흑 모양이 두텁다.

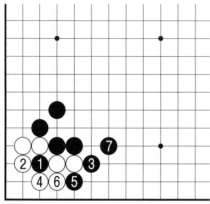

그림2

그림2(흑, 충분)

흑❶ 때 백②로 단수친다면 이번엔 흑❸으로 젖혀서 활용한다. 백④ 때 흑❺, 백⑥을 선수한 후 ❼로 호구치면 흑의 세력이 두텁다.

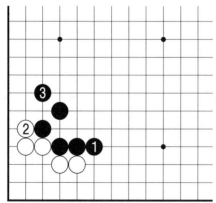

그림3

그림3(실패)

단순히 흑❶로 뻗는 것은 묘미가 없다. 백은 ②로 미는 것이 기민한 선수활용이 되고 있다.

경쾌한 행마법

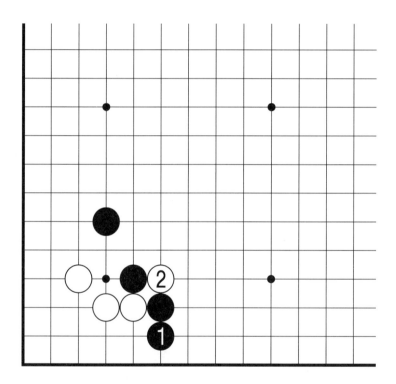

흑❶로 내려선 수는 주변이 강할 때 가능한 강수이다. 그
러나 백②로 끊었을 때 대책이 준비되어 있지 않다면 어
려움을 자초하게 된다.

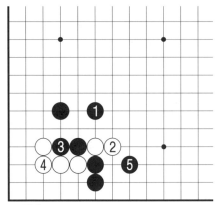

그림1

그림1(정해)

흑❶로 한 칸 뛰는 것이 경쾌한 행마법이다. 백②로 뻗는다면 흑❸이 기민한 선수활용이다. 백④로 이을 때 흑❺로 한 칸 뛰면 흑이 유리한 싸움이다.

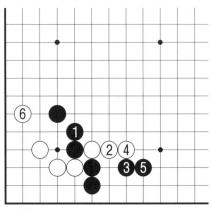

그림2

그림2(흑, 무겁다)

흑❶로 뻗는 것은 무거운 행마법이다. 백②·④를 선수한 후 ⑥으로 날일자하면 흑이 상당히 시달릴 형태이다.

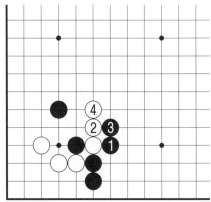

그림3

그림3(속수)

흑❶로 단수치는 것은 전형적인 속수이다. 흑❸, 백④까지의 진행이면 백돌만 강화시켜 줄 뿐이다.

사석으로 활용

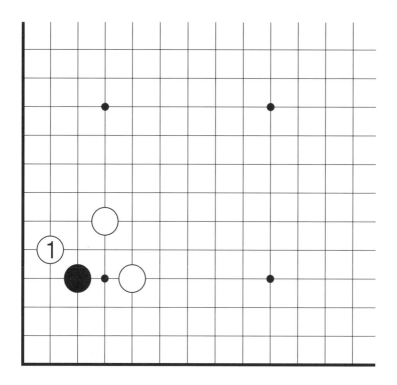

백①로 날일자하는 순간 흑 한 점은 움직이기가 곤란하
다. 그렇다면 이 한 점을 사석으로 활용해서 형태를 정
비하는 수단을 연구해야 한다.

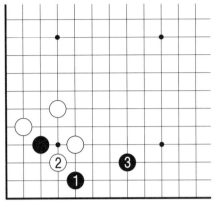

그림1(정해)

흑❶이 적절한 선수활용이다. 백②로 잡는 정도일 때 흑❸으로 벌리면 충분한 모습이다.

그림1

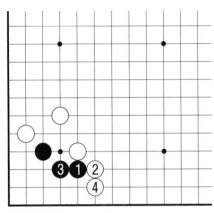

그림2(흑, 곤란)

흑❶로 붙여서 삶을 도모하는 것은 무리수이다. 백②로 젖힌 후 ④에 내려서면 흑이 곤란한 모습이다.

그림2

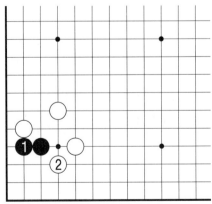

그림3(흑, 무리수)

흑❶로 막는 것은 더욱 좋지 않다. 백②로 입구자하는 순간 흑 두 점의 사활이 의심스럽다.

그림3

148

탄력적인 행마법

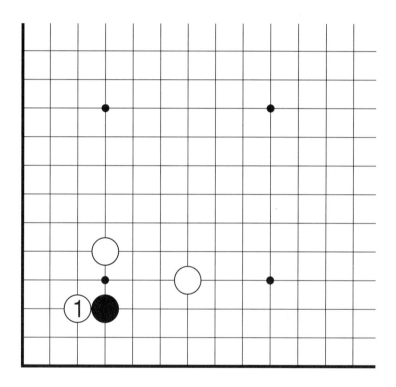

백①로 붙인 장면이다. 흑은 평범하게 응수하다가는 백에게 공격받을 가능성이 농후하다. 이 경우 탄력적인 행마법이 준비되어 있다.

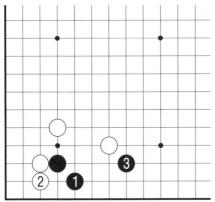

그림1

그림1(정해)

흑❶의 입구자가 탄력적인 행마법이다. 계속해서 백②로 내려선다면 흑❸으로 진출해서 수습이 가능하다.

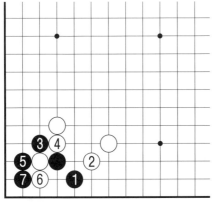

그림2

그림2(백의 변화)

흑❶ 때 백②로 변화를 모색한다면 흑❸으로 젖히는 수가 성립한다. 백④ 때 흑❺로 단수치면 귀의 실리를 차지할 수 있다.

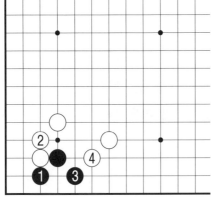

그림3

그림3(실패)

흑❶로 젖히는 것은 의문이다. 백② 때 흑❸으로 젖히는 것이 일종의 행마법이지만 백④로 역습하는 순간 흑의 응수가 어려워진다.

상용의 삭감수

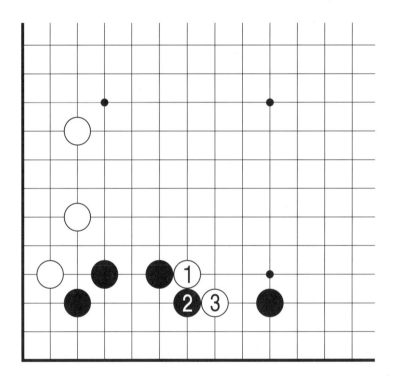

백①로 붙이는 수는 흑 모양을 삭감하는 상용수법이다.
계속해서 흑❷로 젖힌 것은 실리를 중시한 것인데, 백이
③으로 되젖혀서 응수한 장면이다. 흑은 어떻게 처리하
는 것이 최선일까?

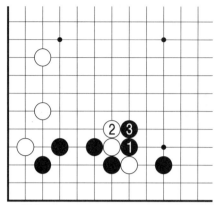

그림1

그림1(정해)

흑은 ❶로 단수치는 한 수이다. 백②
로 나갈 때 흑❸이 또한 잊어서는 안
될 중요한 행마법이다. 계속해서…

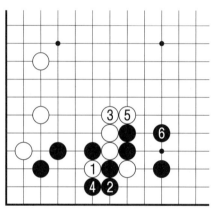

그림2

그림2(정해 계속)

앞 그림에 계속해서 백①로 단수치
고 이하 흑❻까지가 정석 이후의 정
석으로 인정받고 있는 형태이다. 쌍
방 호각의 갈림.

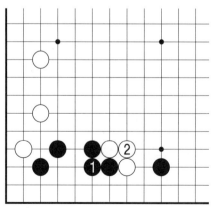

그림3

그림3(실패)

흑❶로 잇는 것은 너무 소극적인 수
단이다. 백②로 잇고 나면 오른쪽 흑
한 점이 고립되고 만다.

발빠른 처리법

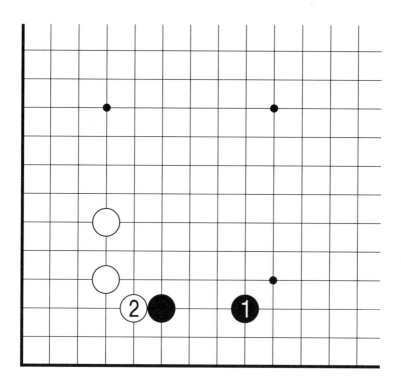

흑❶로 두 칸 벌리자 백이 ②로 마늘모 붙여 온 장면이다. 흑은 발빠르게 처리하는 방법을 모색하고 싶다. 적절한 행마법은?

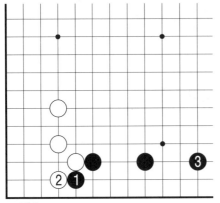

그림1

그림1(정해)

흑❶로 젖힌 후 손을 빼서 ❸으로 두 칸 벌리는 것이 발빠른 처리법이다. 이러한 수단은 최근에 와서 개발된 수법이다.

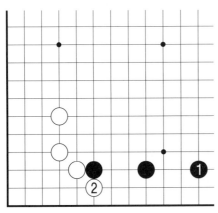

그림2

그림2(흑, 불만)

단순히 흑❶로 두 칸 벌리는 것은 좋지 않다. 백②로 젖히면 앞 그림과는 실리와 속도에서 상당한 차이가 난다.

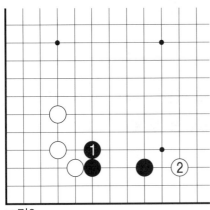

그림3

그림3(흑, 중복)

형태상 흑❶로 올라서는 것이 급소이긴 하다. 그러나 백②로 다가서면 흑 석 점이 중복의 형태를 띠고 있는 만큼 찬성할 수 없다.

고급 행마법

견고한 지킴

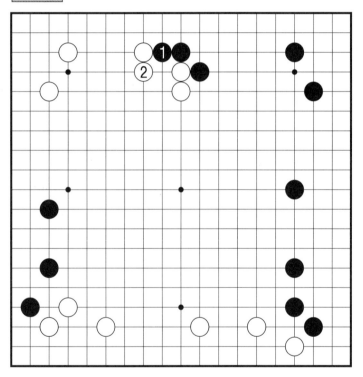

흑❶과 백②의 교환은 당연한 수순. 흑은 우변의 세력을 생각해서 모양을 최대한 키우고 싶다. 그러나 중앙의 주도권을 빼앗기면 손해가 더 클 수가 있다.

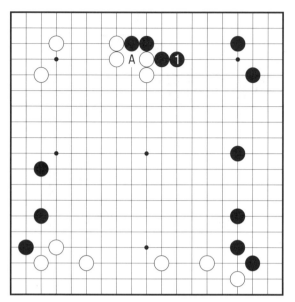

그림1

그림1(정해)

흑❶의 쌍점이 자신의 모양을 견고하게 지키는 동시에 A의 단점도 노리는 침착한 수이다. 중앙으로의 힘도 좋아서 발전 가능성이 크다.

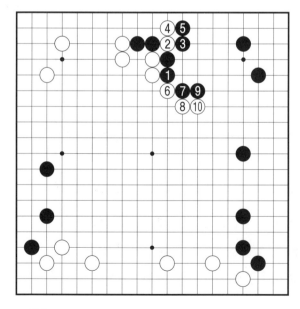

그림2

그림2(실패)

흑❶은 모양을 최대한 키우려는 수. 그러나 백②로 끊어서 약점을 보강하고 ⑩까지 밀면 충분한 진행이다. 흑이 강한 곳이므로 이 정도의 집은 작다.

침입에 대한 대책

흑 차례

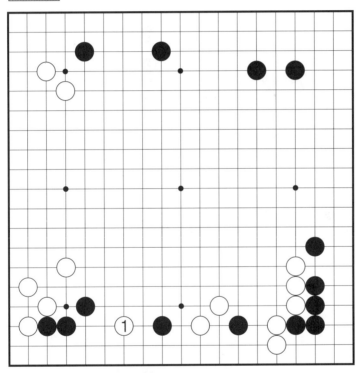

큰 눈목자 형태에서 백①의 침입은 상용의 수단이다.
흑은 주위가 강하면 잡으러 갈 수도 있지만 그렇지 않
은 경우에는 자신의 안위를 돌봐야 한다.

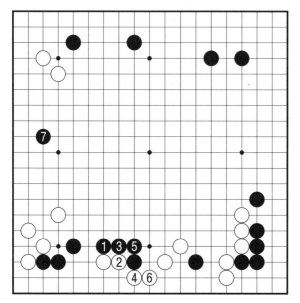

그림1

그림1(정해)

흑❶로 붙여서 자신의 연결을 확실히 하는 것이 보통의 대응책이다. 백⑥까지 실리의 손해가 크지만 선수를 차지해서 흑❼로 갈라치면 대가를 구한 모습이다.

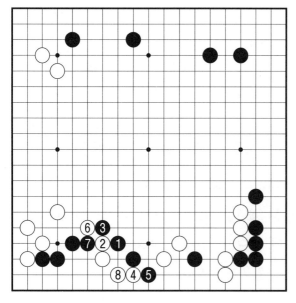

그림2

그림2(실패)

흑❶은 백의 연결을 차단하는 강수. 그러나 백⑧까지의 수순이 좋아서 흑의 무리이다. 흑❶은 자신이 강한 곳에서 생각할 수 있는 수이다.

수습과 견제를 동시에

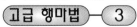

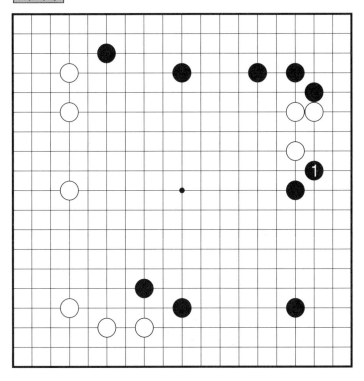

백 차례

흑❶은 백의 근거를 위협하는 좋은 공격법이다. 백은
수습을 하는 동시에 우하귀 흑 세력을 견제해야 한다.
선수로 중앙 진출을 하고 우하귀에 침입을 해야 한다.

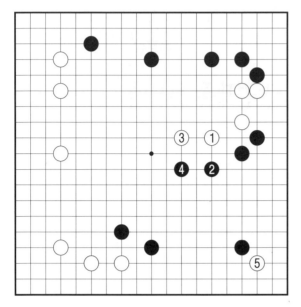

그림1

그림1(정해)

백①의 날일자가 흑 모양을 줄이며 자신의 안위를 돌보는 좋은 행마. 선수를 차지해서 백⑤로 3·三을 파면 흑 세력을 최대한 줄인 모습이다. 백 대마도 심하게 공격받을 모양이 아니다.

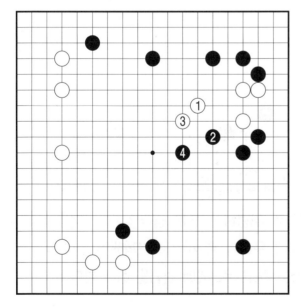

그림2

그림2(실패)

백①의 눈목자는 경쾌한 수. 그러나 흑❷가 모양을 넓히며 백을 공격하는 좋은 수. 이제는 우하귀 3·三을 침입해도 흑집이 상당하다. 백 대마도 엷은 형태라서 명백한 실패이다.

능률적인 차단

흑 차례

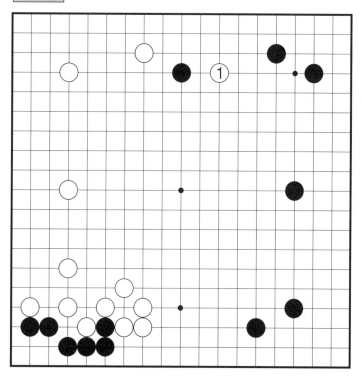

흑과 백의 모양이 대치한 국면이다. 백①은 흑을 공격
하는 수지만 자신의 연결도 생각한 수단이다. 흑은 당
연히 백을 차단해야 하지만 중앙으로의 진출도 소홀히
할 수가 없다.

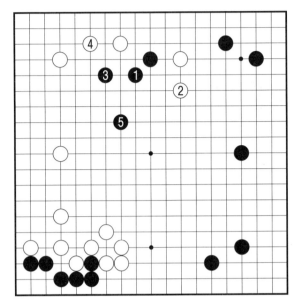

그림1

그림1(정해)

흑❶의 마늘모가 이런 형태에서 상용의 행마법이다. 흑❺까지 백의 세력을 지우며 중앙으로 진출해서 충분한 모습이다. 반면 백 두 점은 아직 약한 모습으로 수습에 신경을 써야 한다.

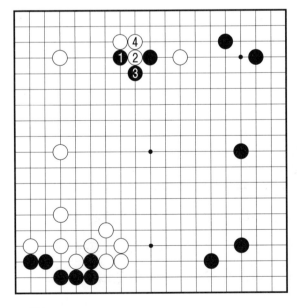

그림2

그림2(실패)

흑❶은 백 세력을 제한하며 모양을 정비하려는 수. 그러나 백②의 끼움이 축유리를 전제로 한 최강의 수단으로 흑은 모양을 정비할 수가 없다.

유연한 공격

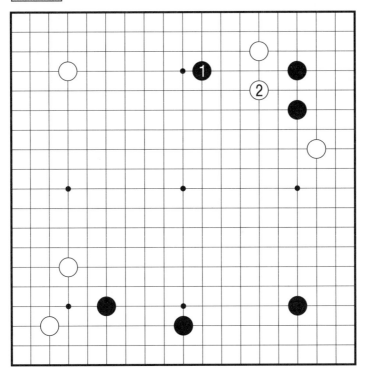

흑❶은 우변의 백 한 점을 공격하는 것이 보통의 착상
이나 상변을 중시한다면 가능한 수. 백②에는 봉쇄를
피하며 백을 양분하는 구상을 해야 하는데, 견고하게
두어야 이후의 행마가 자유롭다.

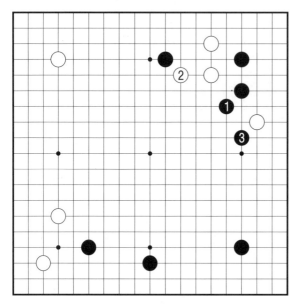

그림1

그림1(정해)

흑❶의 마늘모가 발은 느리지만 견고한 행마로 이후의 공격을 강력하게 한다. 백②에는 흑❸으로 씌워서 한 점을 압박하며 세력을 넓힌다. 하변의 세력과 조화를 이룬 모습이다.

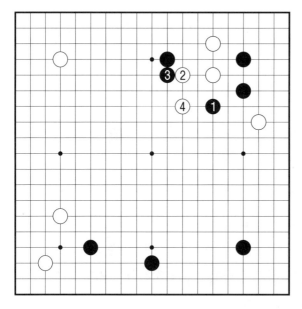

그림2

그림2(실패)

흑❶은 상변의 백을 공격하기 위한 수. 그러나 백②·④로 수습하면 공격이 여의치 않다. 이제는 우변 한 점을 공격하기도 어렵고 끊기는 단점도 남아서 작전 실패이다.

모양을 살리는 지킴

흑 차례

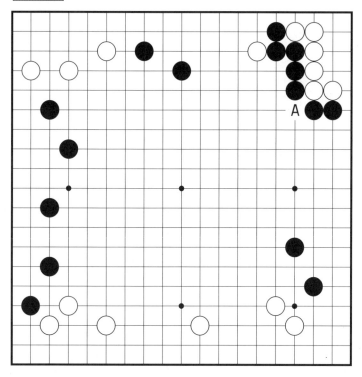

백의 실리에 대항하기 위해서 흑은 상변에서 우변으로
이어지는 세력을 키워야 한다. 세력을 활용하기 위해
서는 A의 단점을 보강해야 하는데, 그 방법이 장면이
다.

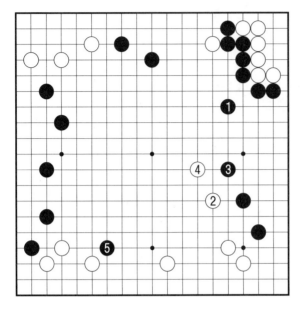

그림1

그림1(정해)

흑❶의 날일자가 단점을
지키며 모양을 살리는 호
착. 백②·④로 모양을
넓히며 대항하지만 흑❺
의 삭감수가 있어서 여의
치 않다. 백②로 흑 세력
에 침투하는 것은 심하게
공격당할 여지가 있다.

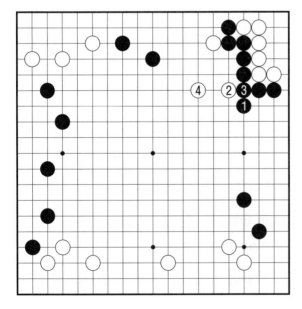

그림2

그림2(실패)

흑❶의 호구지킴은 백②
로 들여다보는 수가 있어
서 불만이다. 삭감의 실
마리를 제공하기 때문에
세력을 키우기가 어렵다.
흑❶로 ②에 두면 장차
백이 ①로 두어 활용하는
수가 있어서 우변이 깨진
다.

우형을 피한 탈출

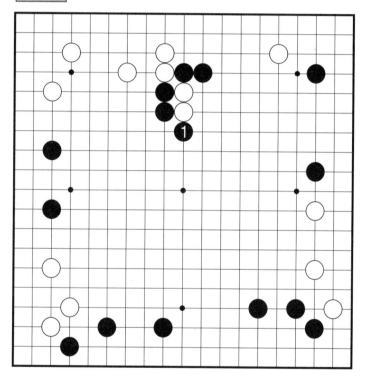

흑❶로 젖혀서 백을 공격한 장면이다. 백의 탈출 방법에는 두 가지가 있는데, 하나는 우형이고 다른 하나는 우형을 피한 것이다. 상변의 흑 두 점에 영향력이 큰 수가 당연히 좋다.

그림1(정해)

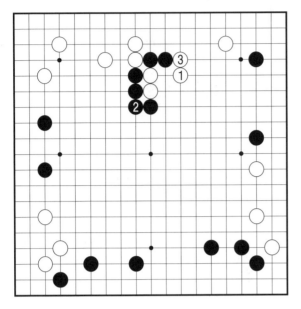

그림1

그림1(정해)

백①이 우형을 피하고 흑 두 점에 압력을 가하는 좋은 행마. 흑❷로 이으면 백은 상변을 제압할 수가 있다. 흑❷로 상변의 두 점을 움직이는 것은 무거워질 뿐이다.

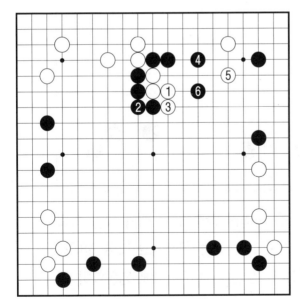

그림2

그림2(실패)

백①로 두어도 탈출할 수는 있지만 흑 두 점을 제압하지는 못 한다. 흑❻으로 뛰어나오면 백은 수습에 신경을 써야 하는 모습이다.

형태상의 급소 1

흑 차례

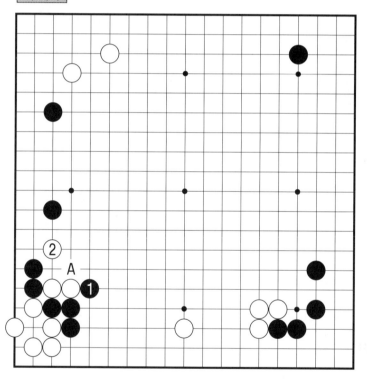

앞의 장면과 비슷하지만 결과는 전혀 다르다. 흑❶의
젖힘에 백②가 좋은 탈출수라 했지만 한 가지 조심할
것이 있다. 백②는 A로 탈출하는 것이 정수이다.

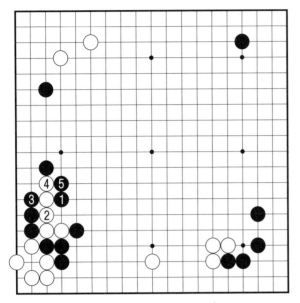

그림1

그림1(정해)

흑❶의 붙임이 쌍립의 자리로 형태상 급소이다. 백②로 이으면 흑❸·❺의 빈축으로 백을 잡을 수가 있다. 백은 애초에 이 수단을 생각하고 행마해야 한다.

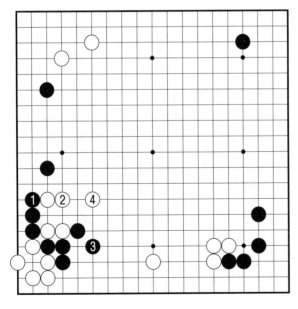

그림2

그림2(실패)

그림1의 수단을 발견하지 못하면 흑❶로 두는 정도이다. 백도 ②의 쌍립이 형태상의 급소로 좋은 모양으로 중앙 진출을 할 수가 있다. 흑이 상당히 엷은 모습이다.

172

형태상의 급소 2

백 차례

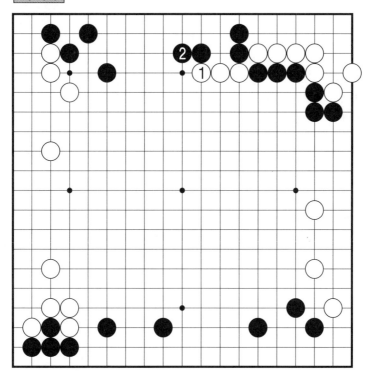

백①로 밀어서 활동 범위를 넓힌 장면이다. 백 석 점이 약한 모습이라고 수습만을 생각하는 것은 나약하다. 우변의 흑 일단을 공격하면 수습을 신경 쓰지 않아도 된다.

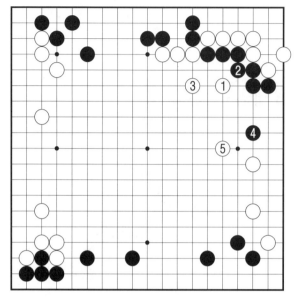

그림1

그림1(정해)

백①이 형태상의 급소로 흑의 안형을 무너뜨린다. 흑❹로 벌려도 백⑤의 날일자면 갑갑한 모습이다. 백의 미생마가 세력으로 변해서 기분 좋은 결말이다. 모두가 백①의 급소 덕분이다.

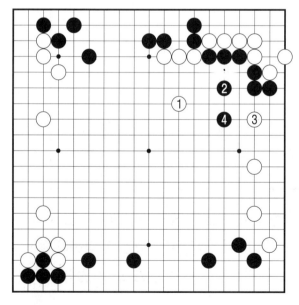

그림2

그림2(실패)

단순히 백①로 뛰면 흑도 ❷가 급소로 안형을 만들 수가 있다. 백③으로 공격을 해도 흑❹로 뛰면 백의 형태가 엷고 중앙의 백도 미생이라 불리하다.

삭감의 대명사

백 차례

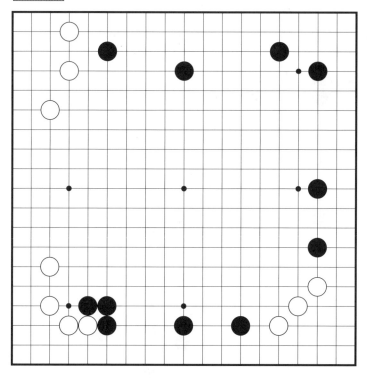

포석이 거의 마무리가 된 국면이다. 백은 도처에 실리
가 많이 있으므로 우상 쪽의 흑 세력을 견제하는 것이
급선무이다. 이런 형태에서 많이 쓰이는 상용의 삭감
수단을 생각한다.

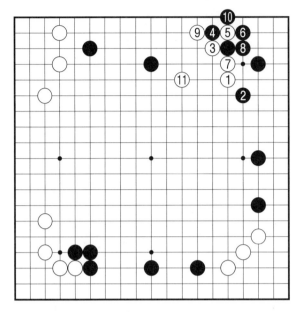

그림1

그림1(정해)

백①의 모자가 상용의 삭감 수단. 흑❷로 우변을 지키면 백③·⑤가 좋은 수순. 백⑪로 가볍게 자세를 잡으면 삭감에 성공한 모습이다. 흑 두 점이 약해진 것도 백의 자랑.

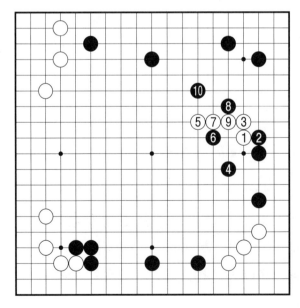

그림2

그림2(실패)

백①로 어깨를 짚는 수도 상용의 삭감 수단이다. 그러나 흑❷·❹가 좋은 대응으로 흑⑩까지 백을 공격하며 상변을 지켜서는 호조의 진행이다. 아직 백 일단이 무거운 것도 부담이다.

단점을 남기기 위한 수순

흑 차례

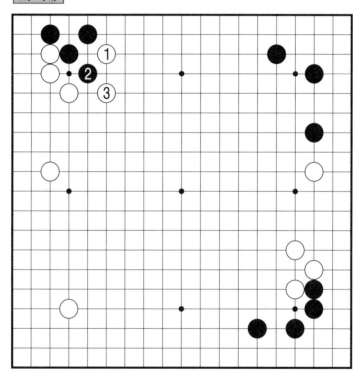

백①로 공격을 하고 ③으로 씌우는 수는 일종의 함정수
이다. 흑은 봉쇄를 피하기는 어렵고 단점을 만드는 것
이 중요하다. 그리고 자신의 자충을 조심하지 않으면
큰 화를 당할 수가 있다.

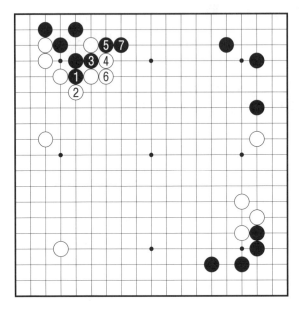

그림1

그림1(정해)

흑❶·❸으로 백 세력에 단점을 만들고 ❺로 끊는 것이 좋은 수순이다. 흑❼로 뻗어서 변으로 머리를 내밀면 충분한 모습이다. 흑❺로 ⑥에 끊는 것은 회돌이를 당하므로 조심해야 한다.

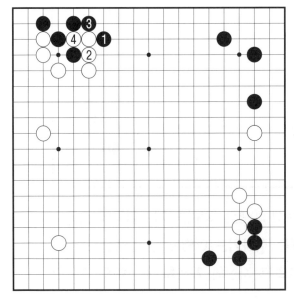

그림2

그림2(실패)

흑❶로 붙인 수는 멋은 있지만 실속이 없다. 백 ④까지 중앙이 두텁고 흑의 자세도 저위라서 불만이다.

국면에 맞는 정석 선택

백 차례

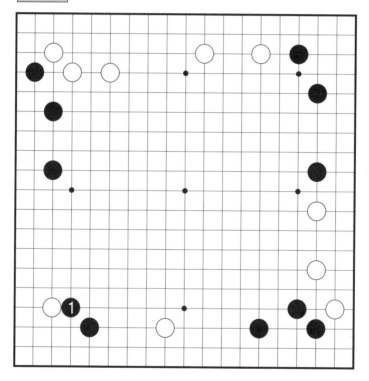

흑❶의 붙임은 백의 응수에 따라 이후의 작전을 정하려는 수이다. 백은 강하게 귀 쪽으로 뻗을 것인가, 변으로 뻗어서 타협을 할 것인가를 정하는 것이 중요하다.

그림1(정해)

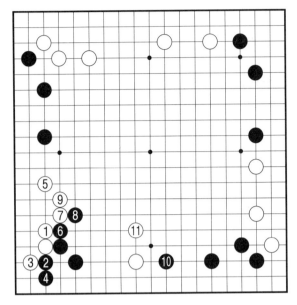

그림1

백①로 뻗는 것이 무난한 수. 흑❽까지 벽을 만들어서 ❿으로 공격하는 것이 좋은 흐름. 백도 좌변에서 착실하게 실리를 확보해서 나쁘지 않다. 하변은 단곤마라 그리 걱정할 것이 못 된다.

그림2(실패)

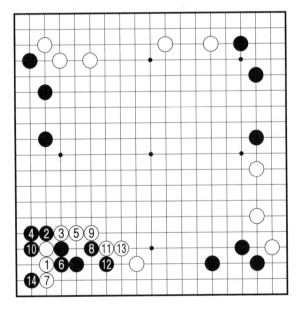

그림2

백①로 뻗는 수는 어려운 싸움을 일으킨다. 백⑬까지가 일단락으로 정석이다. 그러나 지금은 백 세력을 활용하기 어려운 모습이라 불만이다. 정석도 주변의 상황에 따라 선악이 결정된다.

날일자는 건너 붙여라

흑 차례

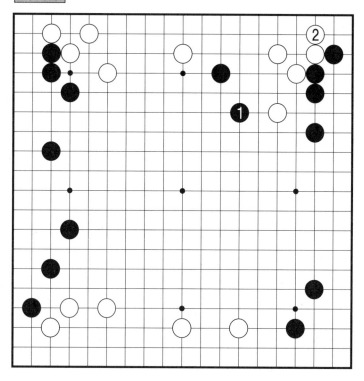

흑❶의 공격에 백②는 근거의 요처로 좋은 수이다. 그러나 이 수는 중앙으로 한 칸 뛰는 것이 급선무였다. 백의 실수를 응징하는 흑의 행마가 중요한 장면이다.

181

그림1(정해)

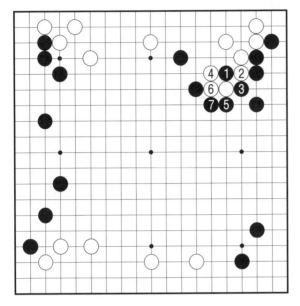

그림1

흑❶의 건너 붙임이 날
일자의 약점을 추궁한 맥
점. 흑❼까지 한 점을 사
석으로 깨끗하게 봉쇄할
수가 있다. 백은 애초에
이 약점을 보강하는 것이
우선이었다.

그림2(실패)

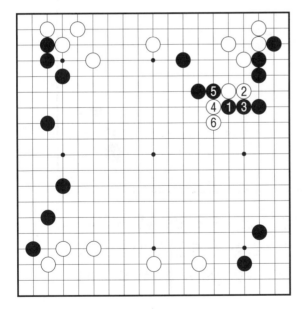

그림2

흑❶의 붙임도 봉쇄를 목
적으로 하는 강수. 그러
나 백②를 선수하고 ④
로 젖혀서 싸우는 수가
있어서 흑이 어려운 모습
이다. 우변 흑에 약점이
있어서 싸우기가 어려운
것이다.

기대기 전법 이후

백 차례

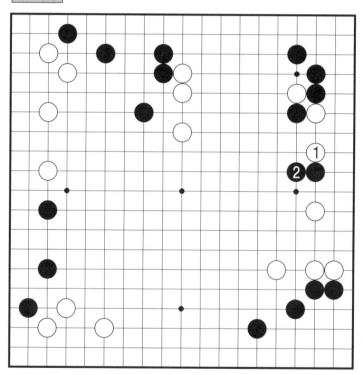

백①은 멋진 맥점으로 기대기 전법을 잘 보여 주는 수
이다. 흑❷는 백의 의도를 거부하고 강력하게 싸우려는
수이나 무리이다. 백은 행마의 묘를 살려 우세를 차지
할 수 있다.

그림1(정해)

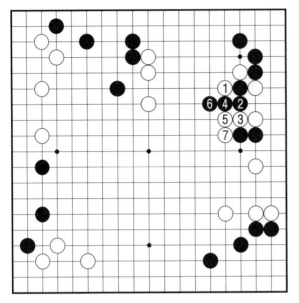

그림1

백①의 단수가 행마의 리듬을 살리는 수. 이어서 백③·⑤로 뚫는 것이 기분 좋은 진행이다. 백⑦로 꼬부려서 흑 두 점을 제압하면 성공을 거둔 모습이다.

그림2(실패)

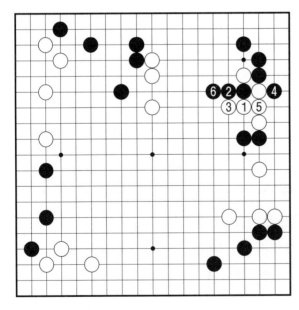

그림2

백①의 단수는 책략이 없는 수. 흑❹의 단수가 아프고 우형이라 기분이 나쁘다. 그리고 우변의 두 점을 확실히 잡을 수 없는 것도 불만이다.

탄력적인 보강

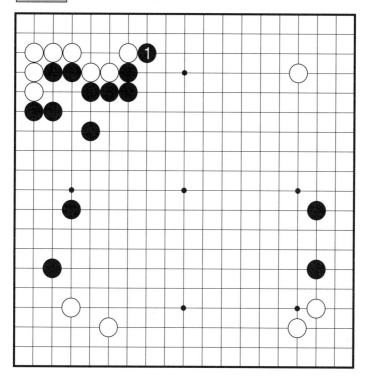

흑이 ❶로 젖혀서 보강이 필요한 장면이다. 그러나 지키는 방법에 따라 차이가 많이 나므로 주의를 필요로 한다. 흑의 단점도 노리며 끝내기도 남기는 탄력적인 수를 찾는다.

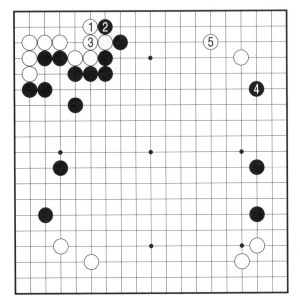

그림1

그림1(정해)

백①의 호구가 좋은 수로 흑❷를 강요한다. 백은 꺼붙이는 노림도 있고 끝내기에서 흑 한 점을 선수로 잡을 수가 있어서 득이다.

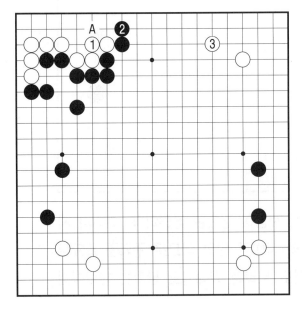

그림2

그림2(실패)

백①의 이음은 튼튼하지만 흑이 ❷로 빠지면 실리의 손해가 상당하다. 흑A로 붙이는 수가 맥점으로 끝내기에 돌입하면 선수가 될 공산이 크다.

작지만 확실하게

흑 차례

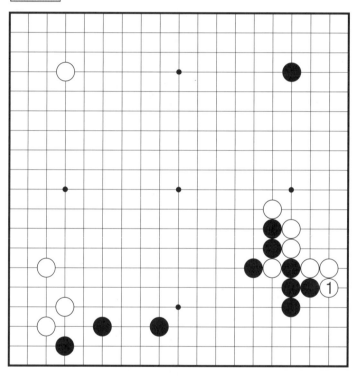

백이 ①로 꼬부린 장면이다. 귀를 어떻게 받느냐 하는 장면인데, 이 곳을 견고하게 지켜야 백의 침입에 강하게 대처할 수가 있다.

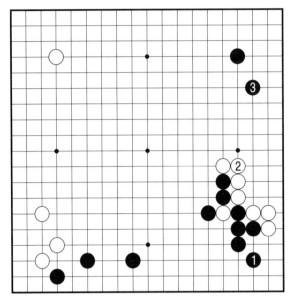

그림1

그림1(정해)

흑❶로 받는 것이 약점을
노출시키지 않는 정수.
이렇게 두어도 백은 ②로
잇는 정도이다. 귀의 뒷
문이 열려 있지만 중요한
것은 하변의 세력이다.

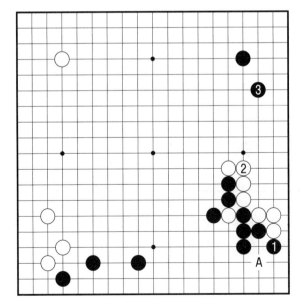

그림2

그림2(실패)

흑❶로 막는 것은 눈에
보이는 실리만을 생각한
수. 그러나 백이 A로 들
여다보는 약점이 있어서
모양을 지키기가 어렵다.

최선의 대응

백 차례

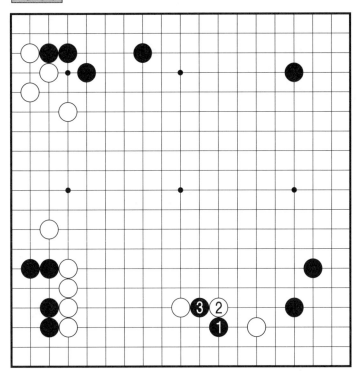

흑❶은 상용의 침입 수단. 백②는 약간 생각이 짧은 수로 흑❸의 끼움이 축유리를 이용한 강수이다. 이제라도 백은 최선의 대응책을 찾아야 대세를 유지할 수가 있다.

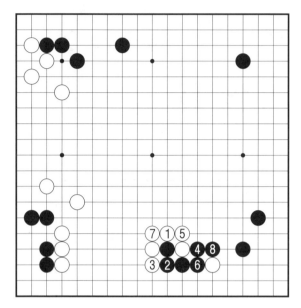

그림1

그림1(정해)

백①의 단수에 이어서 ③으로 막는 수가 하변의 세력을 지키는 유일한 방법. 흑의 실리가 크지만 아직 3·三에 침입하는 맛이 있고 백도 두터워서 둘 수 있는 모습이다.

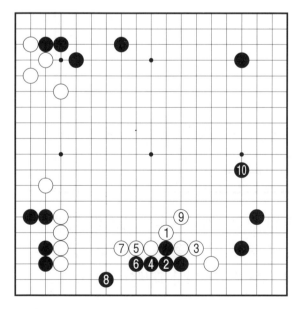

그림2

그림2(실패)

백① 이후 ③으로 느는 수는 보통의 행마법이지만 실리의 손해가 크다. 더구나 백⑨의 보강이 필요할 때 흑❿으로 세력을 견제하며 집을 넓혀 가면 백이 불리한 결과이다.

끊음의 방향

백 차례

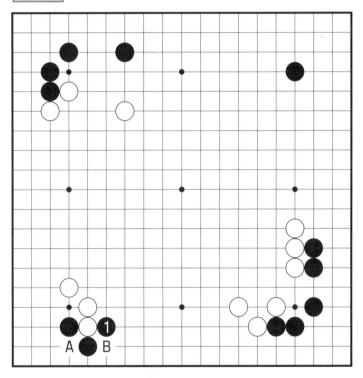

격언에 '먹고 싶은 반대편을 끊어라.'라는 말이 있다.
지금이 그러한 경우로 백은 A나 B를 선택해야 한다.
실리와 세력 중에서 국면에 맞는 구상을 해야 한다.

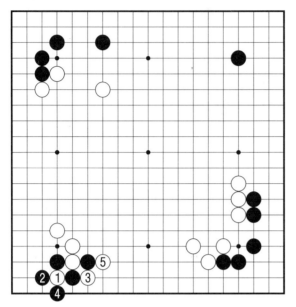

그림1

그림1(정해)

백①의 끊음은 세력을 쌓기 위한 수. 백⑤까지 귀는 내주지만 한 점을 축으로 잡을 수가 있다. 백은 이렇게 세력을 쌓아서 흑의 실리에 대항하는 것이 옳은 작전이다.

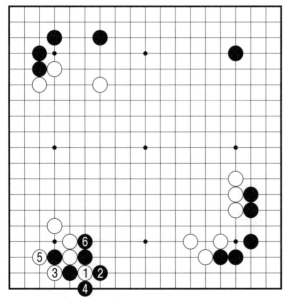

그림2

그림2(실패)

백①의 끊음은 귀의 실리를 차지하기 위한 수. 지금은 우하귀에 백 세력이 있어서 실리를 탐해서는 안 되는 장면이다. 백의 작전에 일관성이 결여된 모습이다.

침착한 공격

흑 차례

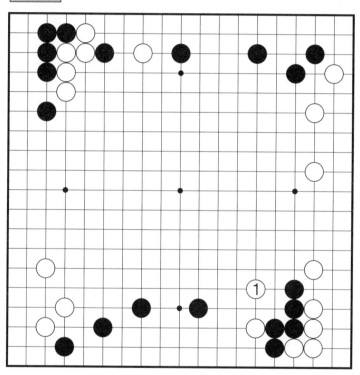

백①은 가볍게 하변의 진영을 깨며 흑 일단을 노리고
있다. 흑은 중앙을 씌워서 공격하는 방법이 있고, 실리
를 지키며 백을 무겁게 하는 방법이 있다.

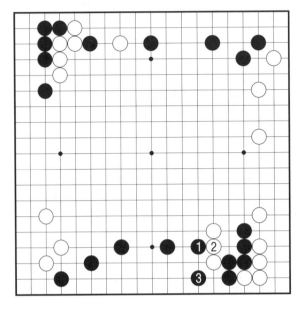

그림1

그림1(정해)

흑❶로 들여다보고 ❸으로 넘는 것이 침착한 수법. 나약한 듯하지만 백의 근거를 없애고 무겁게 하며 자신의 연결을 확실히 한다.

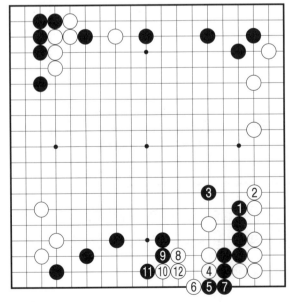

그림2

그림2(실패)

흑❶·❸으로 씌우는 것은 기분에 치우친 수. 백 ④부터 ⑫까지면 간단하게 안형을 만들 수가 있어서 공격이 되지 않는다. 실속이 없는 모습이다.

194

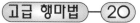

수습의 방향

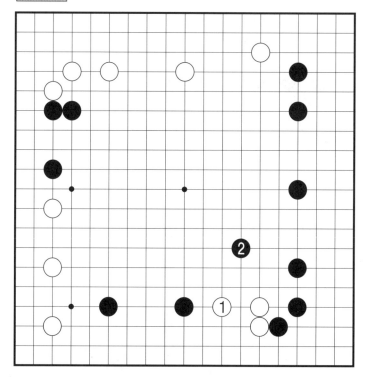

백①에 흑❷로 크게 공격을 한 장면이다. 백은 자체에서 삶을 구할 수도 있지만 중앙으로 진출해야 나중에 힘을 쓸 수가 있다. 그러나 일방적으로 몰리면 부담만 커질 뿐이다.

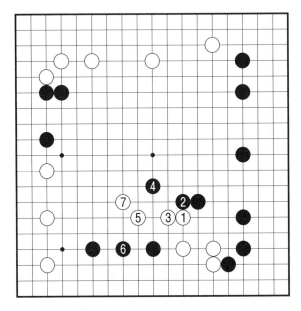

그림1

그림1(정해)

백①로 중앙에 기대어 탈출하는 것이 좋은 행마법. 백⑦로 머리를 내밀면 흑의 공격에서 벗어난 모습이다. 그리고 하변의 흑 일단을 노릴 수도 있다.

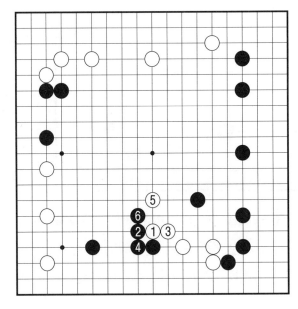

그림2

그림2(실패)

백①로 붙여서 중앙 진출을 꾀하는 것도 행마법의 하나. 그러나 하변의 흑이 약한 돌이었는데 강해진 것이 불만이다. 약한 돌에 붙이는 행마는 좋지 않다. 강해지기 때문이다.

리듬을 구하는 붙임

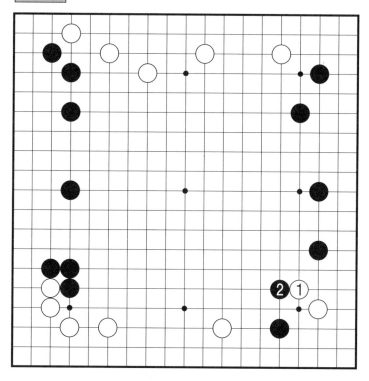

백①은 간명한 수인데 흑❷로 붙인 것이 백의 힘을 빌어 움직이려는 변화구. 일단은 젖히고 싶은 곳이지만 약간의 생각이 필요하다. 우형을 피하는 것에 신경을 쓰면 쉬울 듯.

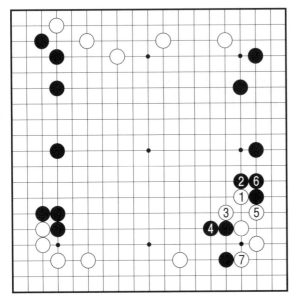

그림1

그림1(정해)

백①로 붙여서 흑의 응수를 묻는 것이 행마법. 흑❷로 젖히면 백⑦까지 중앙으로 머리를 내미는 동시에 귀를 확보할 수가 있다.

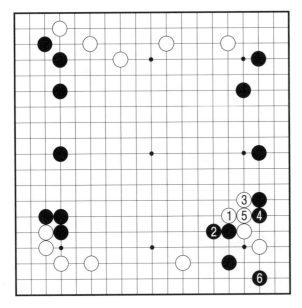

그림2

그림2(실패)

백①의 젖힘은 흑에게 장단을 맞추어 준 수. 백③의 보강이 필요한데 흑❹면 우형이 된다. 이어서 흑❻으로 근거를 없애며 공격을 하면 수세에 몰리게 된다.

중앙을 의식한 대책

흑 차례

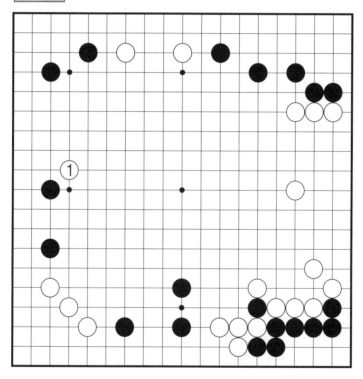

백①의 어깨짚음은 상용의 삭감 수단이다. 흑보다 중앙
에 위치해 있어서 공격하기가 까다롭다. 최대한 중앙
으로 발빠르게 진출해서 주도권을 행사한다.

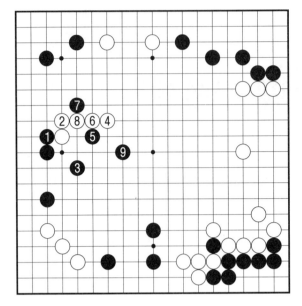

그림1

그림1(정해)

흑❶로 밀고 ❸으로 날 일자하는 것이 바른 행 마. 흑❾까지 중앙으로 진출해서 우변의 백 세력 을 멀리서 견제한다. 아 직 백 일단이 공격의 사 정권에서 벗어난 것은 아 니다.

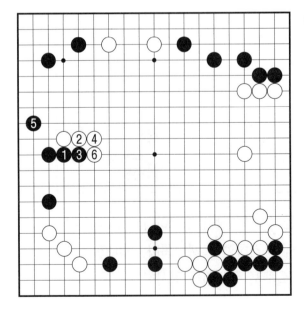

그림2

그림2(실패)

흑❶·❸으로 밀고 ❺로 달리는 것은 좋지 않다. 백⑥으로 꼬부리는 자세 가 두터워서 중앙의 주도 권을 빼앗길 공산이 크 다.

단점을 만드는 수순

백 차례

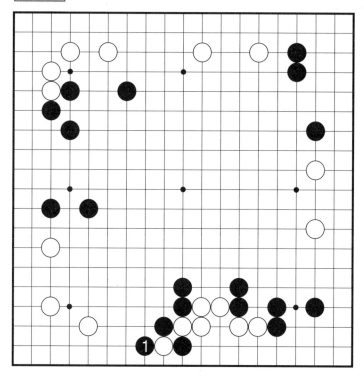

흑❶로 단수한 장면이다. 백은 자체 삶을 노릴 수도 있지만 봉쇄를 당하면 좋지 않다. 당연히 탈출해야 하는데, 흑의 모양에 약간의 단점이라도 남겨야 나중에 반격을 노릴 수가 있다.

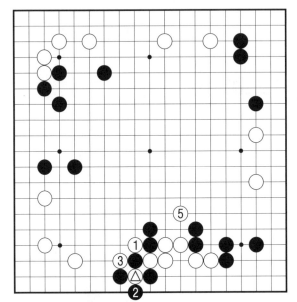

그림1

그림1(정해)

백①·③으로 아낌없이 단수해서 흑을 끊는 것이 좋다. 그리고 ⑤로 탈출하면 흑도 자신의 모양을 돌봐야 하므로 섣불리 공격하기가 어렵다.

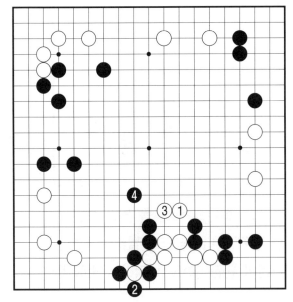

그림2

그림2(실패)

그냥 백①로 두어도 탈출은 가능하다. 그러나 흑이 ❷로 따면 반격할 기회가 없다. 백③에는 흑❹로 날일자해서 백을 공격하며 좌변의 세력을 키울 수가 있다.

돌을 무겁게 하는 착상

흑 차례

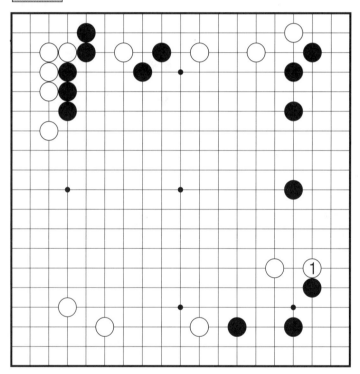

백이 ①로 붙여서 흑 진영을 깨며 수습을 노리고 있다.
약간의 집을 벌기보다는 백을 무겁게 해서 공격을 하
는 것이 바람직한 착상으로 리듬을 주면 안 된다.

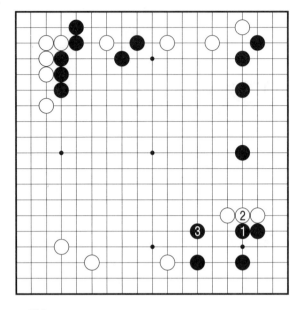

그림1

그림1(정해)

흑❶로 느는 것이 백을 무겁게 하는 좋은 수. 집으로는 다소 손해이지만 흑❸으로 공격해서 대가를 구하는 것이 능동적인 생각이다.

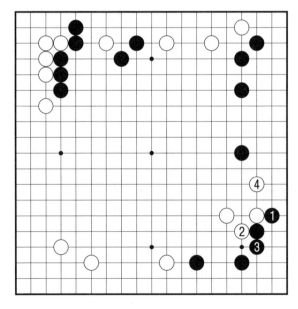

그림2

그림2(실패)

백의 붙임에 흑❶로 젖히기 쉬우나 이는 백의 수습을 도와주는 이적수이다. 백은 ②로 젖히고 ④의 한 칸 뛰는 수가 멋진 행마법으로 탄력적인 모양을 갖출 수가 있다.

무거움을 피해서

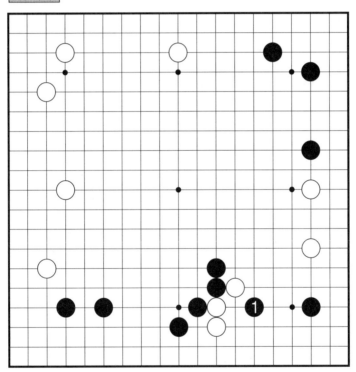

흑이 ❶로 들여다보아서 백을 무겁게 하려는 순간이다. 백은 잇기 전에 약간이라도 근거를 마련하고 흑의 모양에 단점을 만드는 것이 중요하다.

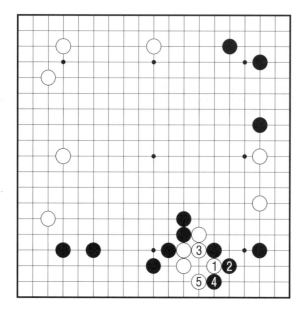

그림1

그림1(정해)

백①로 붙여서 패 모양을
만드는 것이 탄력적인 수
습책. 패의 형태이지만
흑의 부담이 큰 모양이라
백은 이를 이용해서 수습
할 수가 있다.

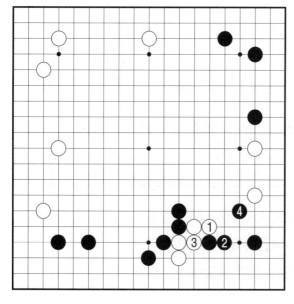

그림2

그림2(실패)

백①로 미는 수도 생각할
수 있는 작전. 그러나 흑
❹로 백을 양분하며 공격
을 하면 우변의 백이 다
칠 가능성이 크다.

활용을 거부하는 대책

흑 차례

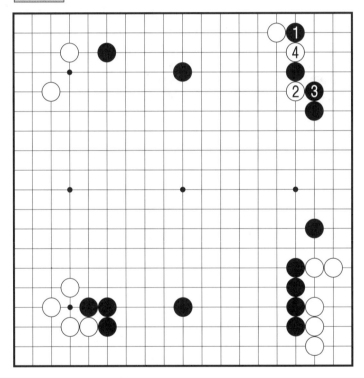

흑❶은 집을 중시한 수단인데, 백④의 끼움이 약간 성가시다. 백은 능률을 최대한 살리기 위해서 ②를 선수하고 ④로 끼웠다. 흑도 순순히 받아주는 것은 활용을 당한 모습이라 반발을 생각할 곳이다.

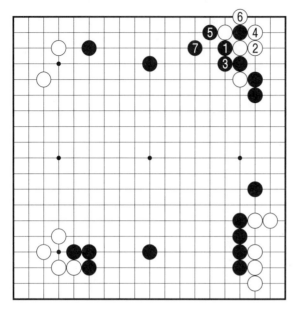

그림1

그림1(정해)

흑❶의 단수에 이어 ❸으로 잇는 것이 두터운 수법이다. 백은 ④로 잡는 정도인데, 흑❼까지 외벽을 정비하면 두터운 모습이다. 장면도의 백②가 악수가 된 모습이라 충분하다.

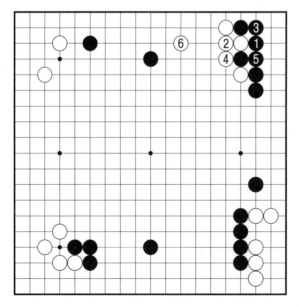

그림2

그림2(실패)

흑❶로 받으면 백의 장난에 말려들게 된다. 백④의 단수가 아프고 ⑥으로 벌리면 백의 형태가 견고해서 공격이 여의치 않다.

차단을 위한 맥점

흑 차례

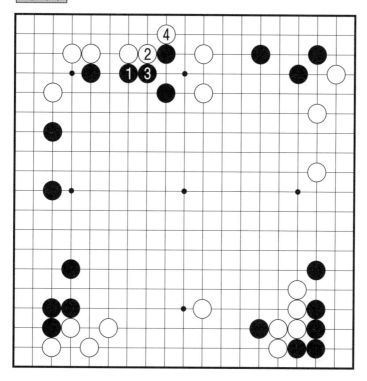

흑❶의 붙임은 형태를 정비하려는 수이다. 이에 대해서 백②·④로 넘는 수는 일견 그럴듯하지만 실은 엷은 수법이다. 흑은 백을 차단해서 엷음을 응징해야 한다.

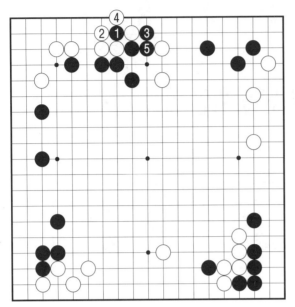

그림1

그림1(정해)

흑❶의 끊음이 매서운 수. 백②의 단수에는 흑 ❸·❺로 차단이 가능하다. 백 두 점이 약해져서 흑의 성공이다.

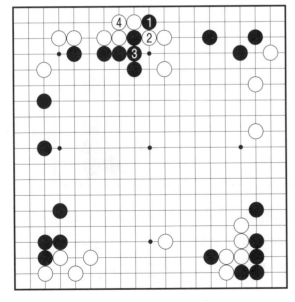

그림2

그림2(실패)

흑❶로 젖히는 수는 무의미한 수. 백②로 단수하고 ④에 이으면 아무런 수도 없다. 보통은 이단 젖힘이 많이 쓰이지만 때에 따라서는 끊음도 생각해야 한다.

손뺌을 추궁

백 차례

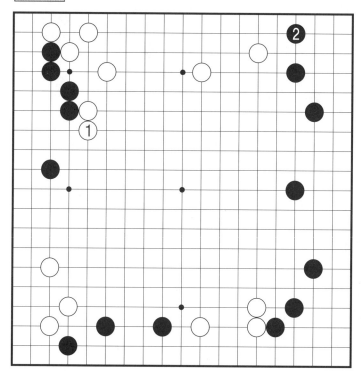

백①로 뻗어서 흑의 응수를 강요했는데, 흑❷로 딴전을
부렸다. 백은 당연히 흑의 손뺌을 응징해서 뭔가를 보
여 줘야 한다. 일단 흑을 차단하는 데 힘을 쏟는다.

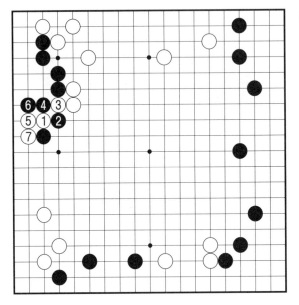

그림1

그림1(정해)

백①로 건너 붙이는 것이
형태상의 맥점이다. 흑❷
의 젖힘에는 백③으로
끊어서 싸울 수가 있다.
백⑦로 두 점을 살리면
귀는 후수로 살아야 한
다. 흑❷로는 백⑤에 젖
혀야 피해를 줄일 수가
있다.

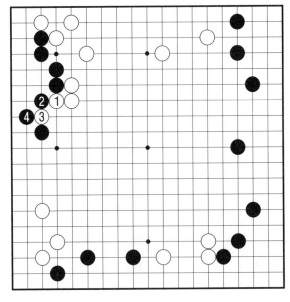

그림2

그림2(실패)

백①·③으로는 흑에게
타격을 줄 수가 없다. 흑
❹로 젖히면 전혀 손해가
없는 모습이다.

변화를 거부한 간명책

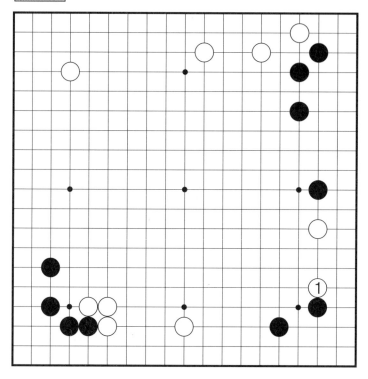

흑 차례

백①의 붙임은 흑의 응수에 따라서 자체 삶을 노리려는 수이다. 흑은 백에게 변화의 여지를 주지 않고 두텁게 두는 것이 좋다. 리듬을 주지 않아야 공격이 가능한 것이다.

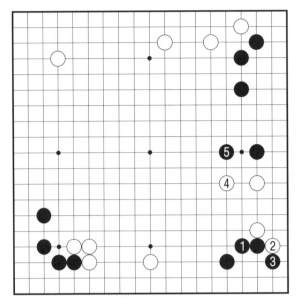

그림1

그림1(정해)

흑❶의 뻗음이 가장 견실
하며 힘도 좋은 수. 백은
②를 선수하고 ④로 뛰
는 정도이다. 흑❺로 집
을 지키며 백을 공격하면
충분하다.

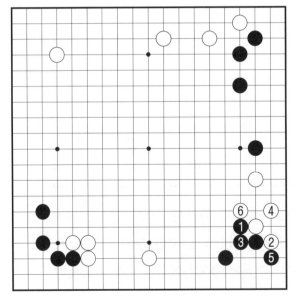

그림2

그림2(실패)

흑❶로 젖히는 수는 백
②의 되젖힘이 있어서 좋
지 않다. 백⑥으로 호구
하면 안형이 풍부해서 공
격을 생각하는 것은 무리
이다.

빠른 삶을 목적으로

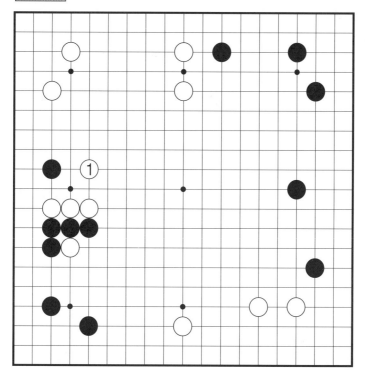

백①의 모자는 상용의 공격 수단이다. 주위가 온통 백
의 세력이므로 흑은 탈출을 생각하기보다는 자체에서
안정을 도모하는 것이 좋다. 궁하면 붙이라는 격언이
힌트이다.

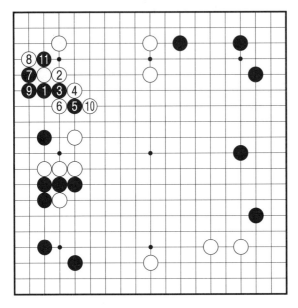

그림1

그림1(정해)

흑❶의 붙임이 유일한 수 습책. 백도 ②로 뻗는 수 가 최강의 수단으로 흑에 게 리듬을 제공하지 않는 다. 그러나 흑⓫까지 교 묘한 수순으로 삶을 확보 할 수 있다.

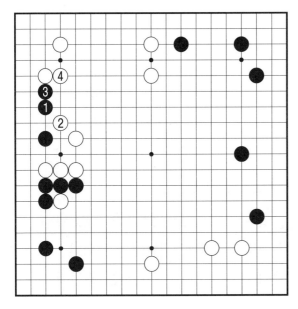

그림2

그림2(실패)

흑❶로 근거를 마련하는 정도로는 살기 힘들다. 백②로 들여다보면 자체 로 삶의 궁도를 가질 수 가 없다.

사석을 활용한 봉쇄

흑 차례

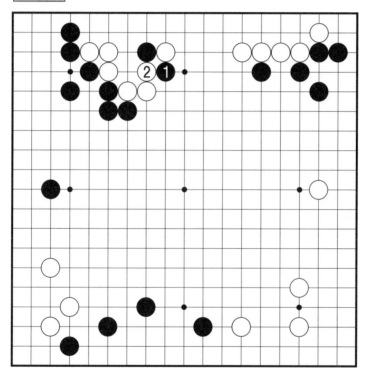

흑의 젖힘에 백은 ②로 끊는 수밖에 없다. 흑은 끊겨서 힘을 쓰기가 어렵지만 이를 잘 활용하면 충분한 대가를 구할 수 있다.

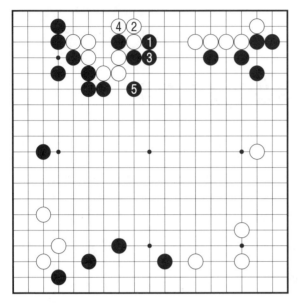

그림1

그림1(정해)

흑❶의 단수는 당연한 수. 이어서 ❸으로 잇는 수가 좋은 행마로 선수로 약점을 보강한다. 백④에는 흑❺로 씌워서 봉쇄가 가능하다. 백은 자충 때문에 흑을 끊기가 어렵다.

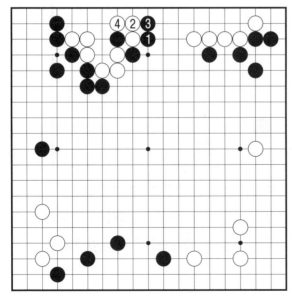

그림2

그림2(실패)

흑❶의 단수에 이어서 ❸으로 뻗는 것은 욕심이 과한 수단이다. 백이 ④로 지키면 뚜렷한 대책이 없다.

안형을 만드는 행마

백 차례

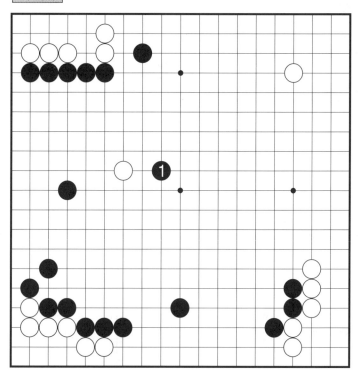

백의 삭감에 대해서 흑은 당연히 ❶로 모자를 씌워서 공격해야 한다. 백은 일단 약간이라도 안형을 만들고 탈출을 시도해야 한다.

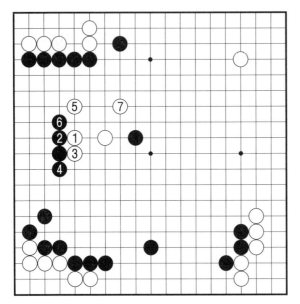

그림1(정해)

백①·③이 흑의 옹수를 강요해서 안형을 만드는 수순이다. 흑❹로 뻗으면 백⑤·⑦로 활로를 개척할 수 있다.

그림1

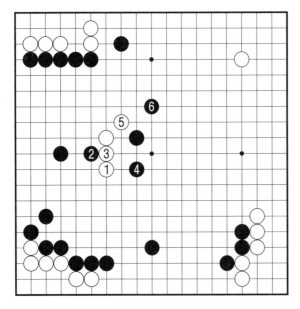

그림2(실패)

백①의 한 칸 뜀은 흑❷로 들여다보는 수가 있어서 안형을 만들 수가 없다. 백⑤로 탈출을 시도해도 흑❻의 날일자면 매우 갑갑한 모습이다.

그림2

행마를 만드는 맥점

흑 차례

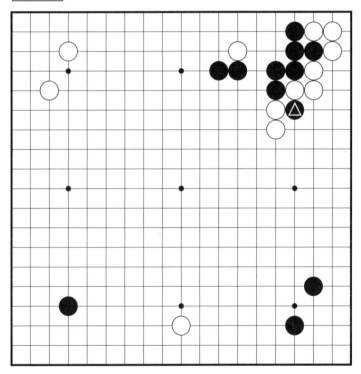

지금 시급한 곳은 우상귀이다. 흑은 ● 한 점을 활용해
야 한다. 그러나 쉽게 움직이기는 어려운 모습으로 맥
점을 터뜨려서 행마의 리듬을 구해야 한다.

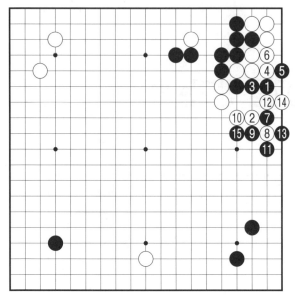

그림1

그림1(정해)

흑❶의 한 칸 뜀이 형태상의 급소이다. 백②의 날일자가 최강의 대응으로 흑은 ❼·❾의 끊음으로 수습을 도모한다. 흑⓯까지 바꿔치기가 이루어지는데, 우변에 흑의 모양이 형성된다.

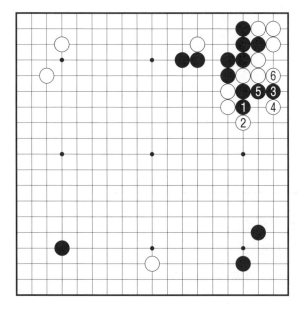

그림2

그림2(실패)

흑❶로 직접 움직이는 수는 백②의 젖힘이 있어서 좋지 않다. 뒤늦게 흑❸으로 한 칸 뛰어도 백④의 붙임이 맥점으로 살 수가 없다.

리듬을 주지 않는 지킴

흑 차례

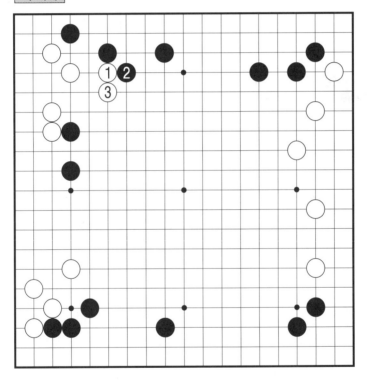

백이 ①로 기대어 은근히 좌변의 흑을 노리고 있다. 여기서 좌변을 돌보면 상변이 다치므로 일단 상변을 지켜야 한다. 그러나 좌변에 영향이 미치지 않도록 조심해야 한다.

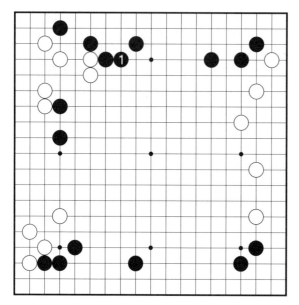

그림1

그림1(정해)

흑❶의 쌍점으로 지키는 것이 백에게 리듬을 주지 않는 좋은 수이다. 이렇게 보강하면 상변과 좌변에 도움을 줄 수가 있다.

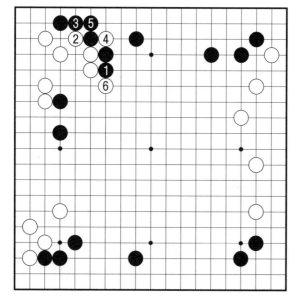

그림2

그림2(실패)

흑❶로 미는 수는 상변을 키우려는 생각이나 좌변이 다칠 위험이 있다. 백⑥으로 젖히면 백의 세력이 조금씩 생겨서 흑 두 점이 위험해진다.

삶과 탈출의 기로

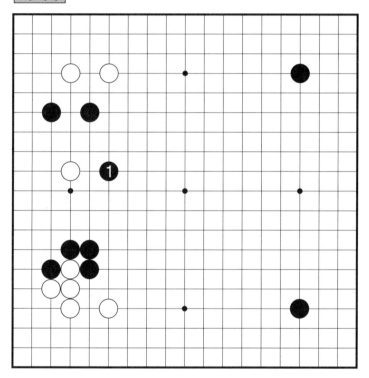

흑❶의 모자씌움에 백 한 점이 갑갑한 모습이다. 백은
자체 삶을 노리거나 탈출을 시도해야 한다. 일단 탈출
에 신경을 써서 방법을 강구하는 것이 좋다.

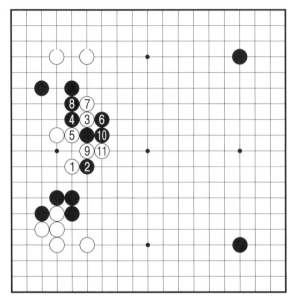

그림1

그림1(정해)

백①·③이 교묘한 탈출
수단이다. 흑❹의 젖힘
에는 백⑤로 끊고 ⑪까
지 중앙에 머리를 내밀
수 있다. 백①의 역할을
눈여겨볼 필요가 있다.

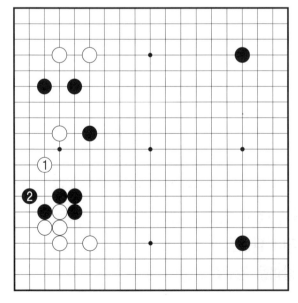

그림2

그림2(실패)

백①로 근거를 마련하려
는 수는 하급자가 범하기
쉬운 실착. 흑은 ❷로 호
구해서 집으로 이득을 보
며 공격할 수가 있다.

발빠른 수습책

흑 차례

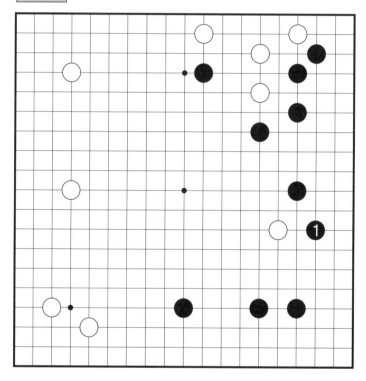

백의 삭감에 흑이 ❶로 받은 장면이다. 백은 변에 뿌리를 내리거나 중앙 진출을 서둘러야 한다. 흑이 강한 곳이므로 가볍게 처리하는 것이 좋다.

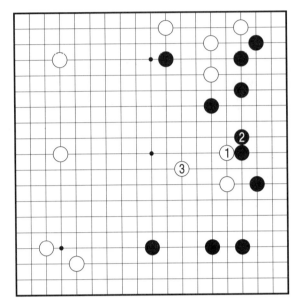

그림1

그림1(정해)

백①의 붙임이 중요한 선수이다. 흑❷와 교환을 하면 백③까지 뛸 수가 있어서 수습이 쉬워진다. 백①을 생략하면 곧장 차단을 당한다.

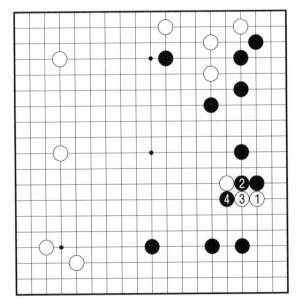

그림2

그림2(실패)

백①의 붙임은 흑이 젖혀 주기를 기대한 혼자만의 생각. 흑은 주위가 강하므로 ❷·❹로 끊어 싸운다. 수습이 상당히 어려운 모습이다.

변화를 추구하는 이유

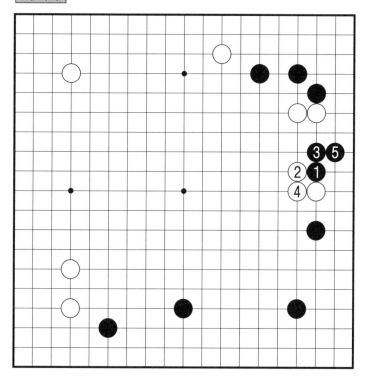

흑❶의 붙임은 다소 이색적이나 책략이 담긴 고급 전
술이다. 흑❺가 빈삼각의 맥점으로 상하의 연결을 맞보
기로 한다. 흑이 ❸으로 침입을 한 것과 비교를 하기
바란다.

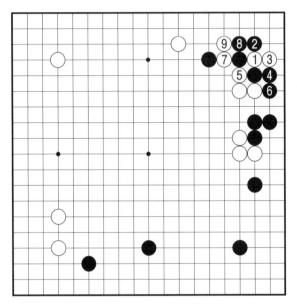

그림1

그림1(정해)

백①의 붙임이 차단을 노리는 맥점이다. 백⑨까지는 쌍방 최선을 다한 모습으로 앞으로도 치열한 전투가 예상된다. 여기서는 백①의 쓰임새에 주목한다.

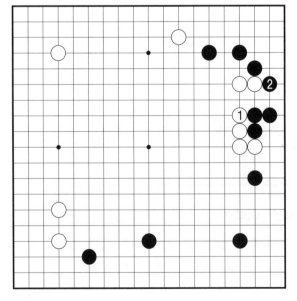

그림2

그림2(실패)

백①로 연결을 하면 쉽다. 그러나 흑❷로 넘어가면 약간 당한 결과이다. 그 이유는 기본형에서는 변으로 넘어가야 하는데 지금은 귀 쪽으로 연결을 했기 때문이다.

230

근거를 지키기 위한 노력

흑 차례

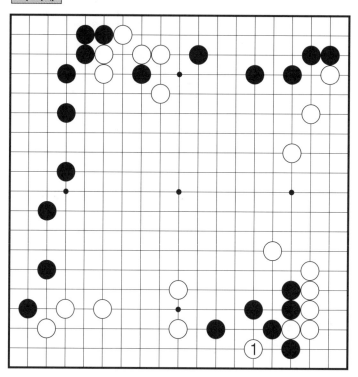

백①의 치중은 형태상의 급소이다. 흑은 근거를 빼앗
기면 미생마로 전락하게 된다. 그러므로 근거를 최대
한 확보해서 자체 삶을 확보해야 한다.

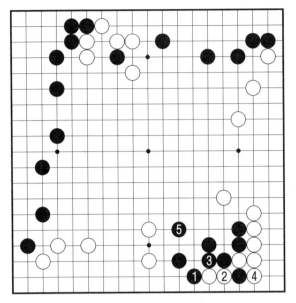

그림1

그림1(정해)

흑❶로 붙여서 변으로의 연결을 차단하는 것이 좋다. 백은 ②로 끊을 수밖에 없는데, 흑❺까지 충분한 안형을 갖출 수가 있다.

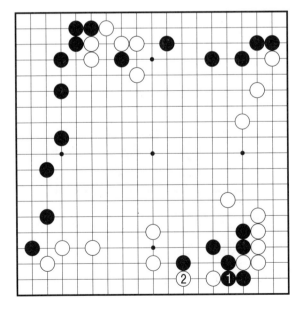

그림2

그림2(실패)

흑❶로 잇는 수는 책략이 없는 수. 백이 ②로 연결을 하면 미생마가 되어 상당히 시달리게 된다.

232

방향을 정하기 위한 침입

흑 차례

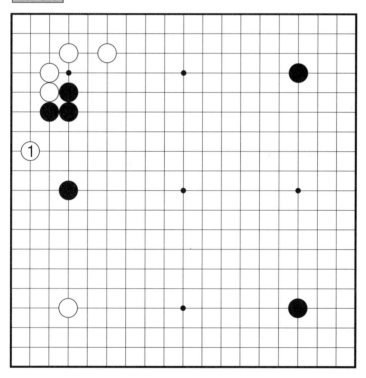

백①의 침입은 이른 감이 있지만 흑의 세력을 저지하기
위한 수이다. 흑의 응수를 보고 행로를 결정한다. 흑은
차단과 안정 중 택일을 해야 한다.

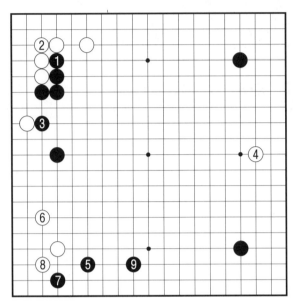

그림1

그림1(정해)

흑❶을 선수하고 ❸으로
붙이는 수가 정수이다.
백은 좌변의 가치를 떨어
뜨려서 우변을 갈라치려
는 생각이다. 흑도 ❺의
걸침이 옳은 방향이다.

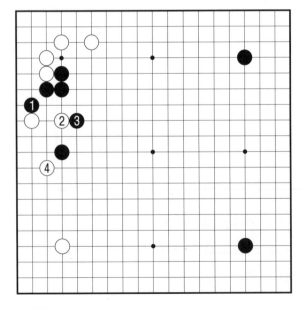

그림2

그림2(실패)

흑❶의 차단은 강력한 수
이나 백이 ②를 선수하고
④로 비끼면 별게 없다.
흑은 모양이 무거워져서
선수를 빼앗길 우려도 있
다.

주변 상황을 고려한 선택

흑 차례

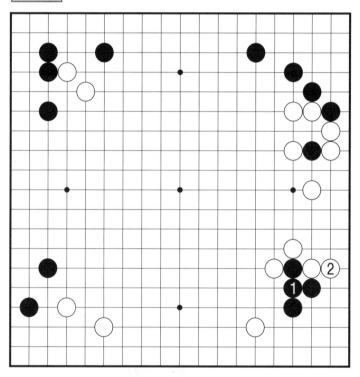

흑이 ❶로 이을 때 백②로 빠지는 수는 많이 쓰이는 수
법이나 지금은 좋지 않다. 그 이유는 우변이 중복의 형
태가 될 수가 있기 때문이다. 흑은 백을 중복으로 만들
어야 한다.

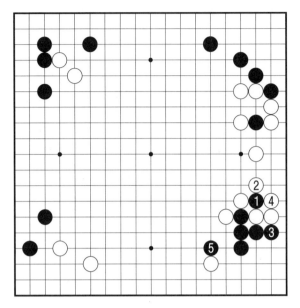

그림1

그림1(정해)

흑❶의 끊음이 임기응변의 호착. 백②·④로 흑한 점을 빵때리지만 중복의 형태이다. 흑은 ❸을 선수하고 ❺로 봉쇄를 피하면 충분한 모습.

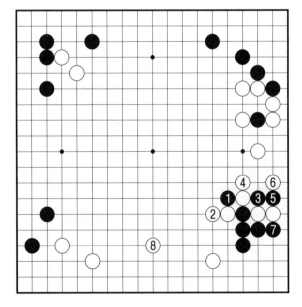

그림2

그림2(실패)

보통은 흑❶로 끊는 것이 정석이다. 그러나 지금은 백②의 뻗음이 강수로 백⑧까지 세력을 구축하면 흑이 좋지 않다.

236

연결을 강요하는 이유 1

흑 차례

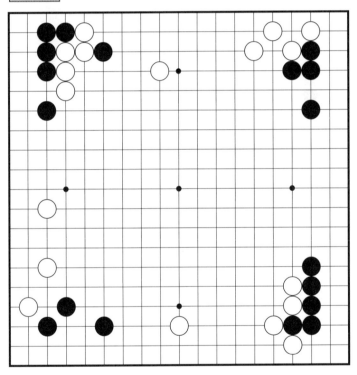

포석이 마무리된 상황이다. 흑은 백의 하변 모양이 허술하므로 이 곳부터 공략하는 것이 좋다. 이런 형태에서도 상용의 맥점이 있다.

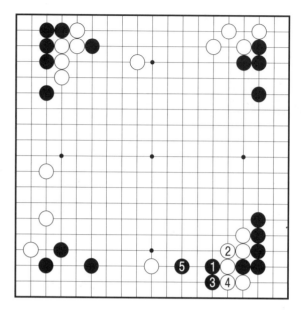

그림1

그림1(정해)

흑❶의 붙임이 형태상의 급소. 백은 ②·④로 이어야 하는데, 모양이 무거워진다. 흑❺로 백을 양분해서 싸움을 하면 주도권을 차지할 수가 있다.

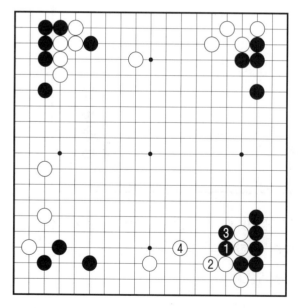

그림2

그림2(실패)

흑❶의 끊음은 눈앞의 이득만을 생각한 수. 백 두 점을 잡을 수는 있지만 대단한 것은 아니다. 백이 ④로 모양을 갖추어서는 흑의 실패이다.

238

연결을 강요하는 이유 2

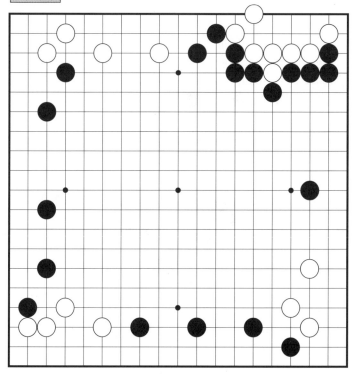

초점은 우변 흑 모양에 대한 활용이다. 흑을 끊을 수가
없다면 잇게 만들어서 활용하는 것이 좋은 착상. 들여
다보는 것도 하나의 방법이지만 흑의 반격을 생각해야
한다.

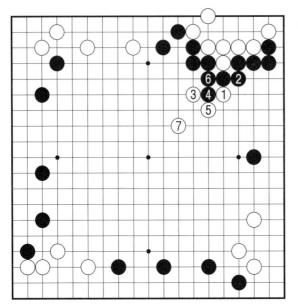

그림1

그림1(정해)

백①의 붙임이 형태상의 급소로 흑의 연결을 강요한다. 백⑦까지 흑은 공배를 연결한 모습인데, 백은 흑의 세력을 가볍게 삭감한 모습이다.

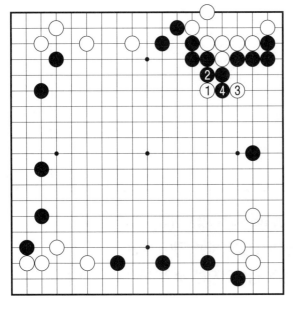

그림2

그림2(실패)

백①로 들여다보는 것도 좋은 활용이다. 그러나 백③까지 선수가 되어야 좋은데, 흑❹의 반격이 있어서 어렵다. 잘못하면 무거운 미생마가 생길 수도 있다.

간명하고도 두터운 길

흑 차례

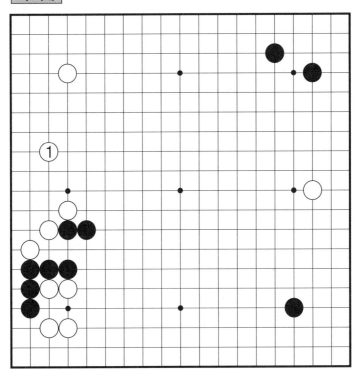

백이 ①로 벌려서 안정을 취했다. 흑은 귀의 백 넉 점을 공략해서 이 곳을 마무리지어야 한다. 싸움을 유도할 수도 있지만 흑도 근거가 부족하므로 두터운 방법을 모색한다.

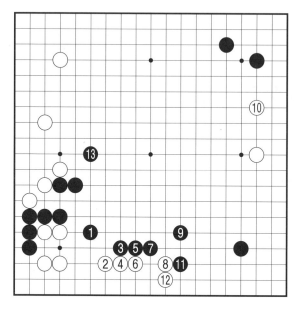

그림1

그림1(정해)

흑❶·❸이 유연하고도 두터운 수법. 백에게 실리는 허용하지만 흑❸까지 중앙을 호령할 수가 있다. 흑❸이면 백은 좌상귀를 지키기도 애매하다.

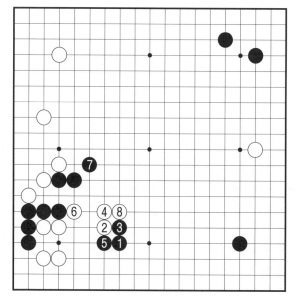

그림2

그림2(실패)

흑❶의 공격은 국면을 어지럽힐 수가 있다. 백⑧로 꼬부리면 아무래도 백보다는 흑이 무거운 형태이다.

올바른 지킴

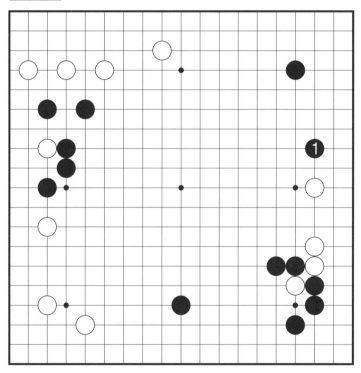

흑이 ❶로 다가서서 백을 압박한 장면이다. 백은 튼튼
하게 모양을 정비해야 흑진에 침입을 할 수가 있다. 어
려운 장면이나 감각을 키우는 데 도움이 될 것이다.

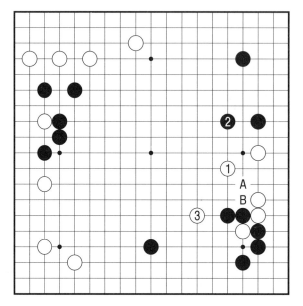

그림1

그림1(정해)

백①의 날일자가 좋은 행마법으로 흑이 ❷로 지키면 백③으로 하변을 삭감할 수가 있다. 흑❷로 A에 두는 것은 백B의 반격이 있어서 안 된다.

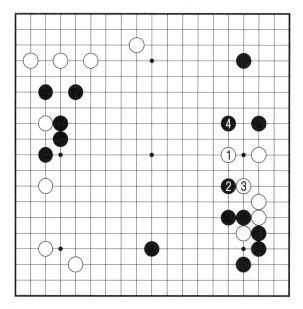

그림2

그림2(실패)

백①의 한 칸 뜀은 무난한 수이지만 흑❷의 선수가 아프다. 흑❹로 지키면 이제는 하변을 삭감하기가 쉽지 않다.

우선적인 보강

백 차례

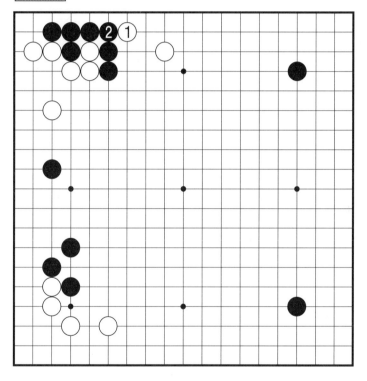

백이 ①을 선수해서 흑을 공격하려고 한다. 그러나 백
의 모양도 좋은 형태는 아니어서 섣불리 공격하기가
어렵다. 우선 모양을 견고히 해야 후일을 기약할 수가
있다.

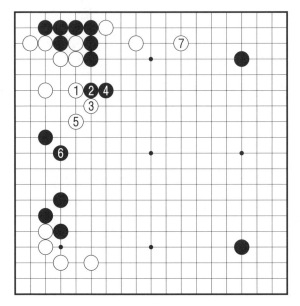

그림1

그림1(정해)

백①로 모양을 갖추는 것
이 좋다. 흑도 ❷·❹로
보강을 하는 정도인데,
백⑦로 벌려서 안정을 취
할 수가 있다.

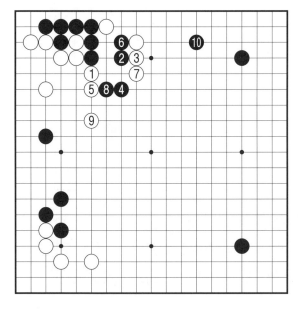

그림2

그림2(실패)

백①로 젖혀서 흑을 공
격하는 것은 성급하다.
흑❽까지 형태를 정비하
고 ❿으로 집을 벌면서
공격을 해서는 흑의 성공
이다.

빠른 안정을 도모

흑 차례

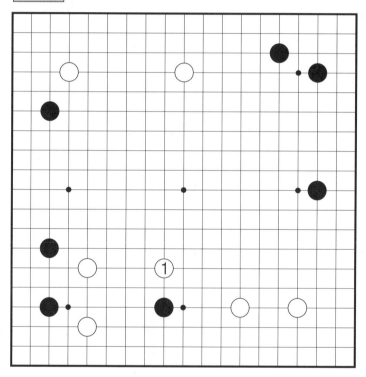

백이 ①로 씌워서 흑을 공격한 장면이다. 백이 크게 공격을 해서 여유가 있는 모습이다. 그러므로 빨리 근거를 마련하는 것이 현명한 처사이다.

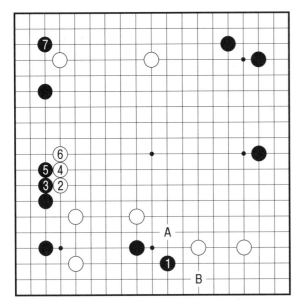

그림1

그림1(정해)

흑❶의 날일자가 백의 허점을 노리는 좋은 행마. A, B가 맞보기라 공격이 되지 않는다. 상대의 자세가 높을 경우에는 빨리 안정을 도모할 수도 있다.

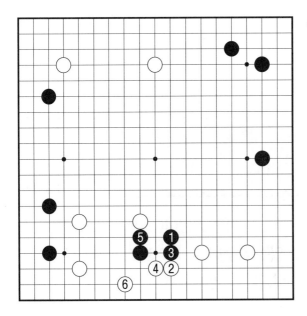

그림2

그림2(실패)

흑❶로 중앙 진출을 서두르면 백②의 급소를 당해서 좋지 않다. 백⑥으로 넘어가면 집을 벌면서 흑을 공격할 수가 있다. 흑은 실속이 없는 결과이다.

전혀 다른 상황

흑 차례

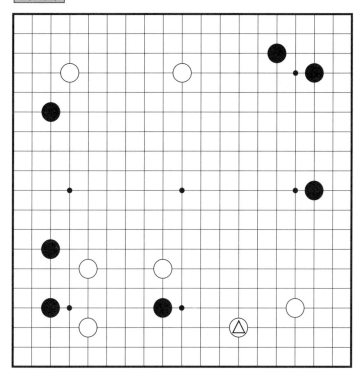

앞의 장면과 매우 비슷하다. 차이점은 백△의 위치이
다. 약간의 차이라고 쉽게 생각하면 안 된다. 백의 자
세가 견고하므로 흑은 중앙 진출을 노려야 한다.

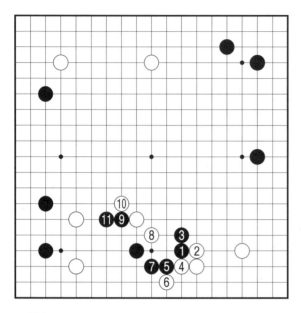

그림1

그림1(정해)

흑❶로 어깨를 짚는 것이 행마의 요령. 백⑧의 급소가 보이지만 흑❾의 반격이 있어서 백이 곤란한 모습이다. 그러므로 백⑧은 무리이다.

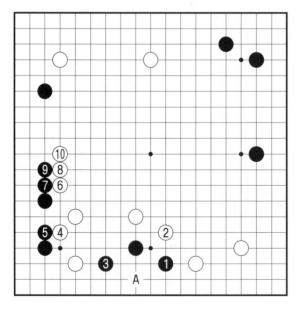

그림2

그림2(실패)

흑❶·❸으로 서둘러 안정을 취하는 것은 이 경우 좋지 않다. 그 이유는 나중에 A의 치중이 있기 때문이다.

가벼운 삭감

백 차례

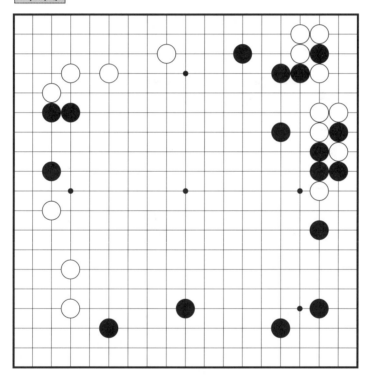

백은 더 이상 우하귀의 흑 세력을 방관할 수가 없다.
지금이 삭감할 찬스로 위치를 선정해야 한다. 흑의 세
력이 크므로 가볍게 삭감하는 것이 좋다.

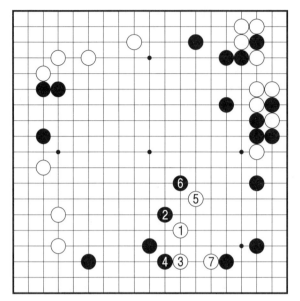

그림1

그림1(정해)

백①로 삭감하는 것이 좋은 감각. 흑❻으로 강하게 씌워도 백⑦의 붙임이 절호의 수습책으로 어렵지 않게 안형을 만들 수 있다.

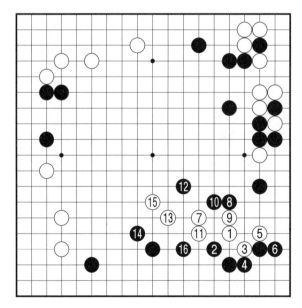

그림2

그림2(실패)

백①의 모자는 상용의 삭감 수단이지만 지금은 흑의 세력이 막강해서 깊은 감이 있다. 흑⑯까지가 예상되는 그림인데, 하변이 집으로 굳어지고 변도 두터워져서 불만이다.

강인한 수습책

백 차례

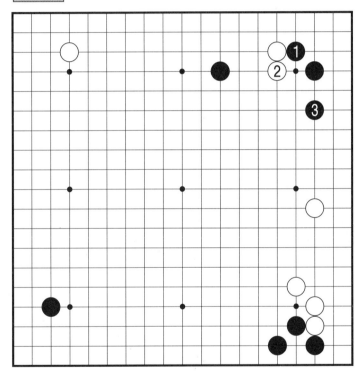

흑❶로 붙여서 백을 무겁게 한 다음 ❸으로 공격을 했다. 백은 ②로 뻗은 자세가 두터우므로 중앙으로 도망갈 생각만 하면 안 된다. 강력하게 버텨야 형세의 균형을 유지할 수가 있다.

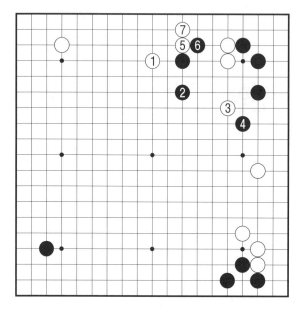

그림1

그림1(정해)

백①로 협공을 한 다음 ③으로 두 칸 뛰는 것이 경쾌한 행마법. 흑❹로 공격을 하겠지만 백⑤·⑦이면 연결이 가능하다.

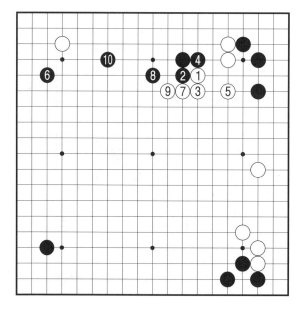

그림2

그림2(실패)

백①은 흑에게 기대어 수습을 하려는 수. 그러나 흑도 튼튼해지는 것은 알아야 한다. 흑❿까지 발빠른 모습으로 흑의 성공이다.

임기응변의 선택

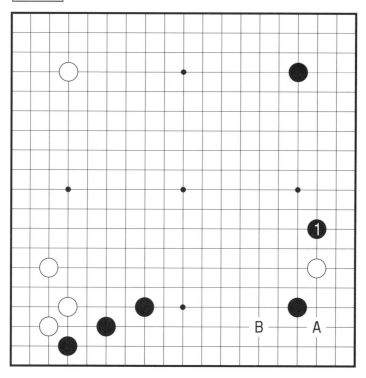

흑이 ❶로 협공을 한 장면이다. 백은 하변 흑의 자세가
높은 것을 생각하고 정석 선택을 해야 한다. 일단 백의
응수는 A의 3 · 三 침입과 B의 양걸침뿐이다.

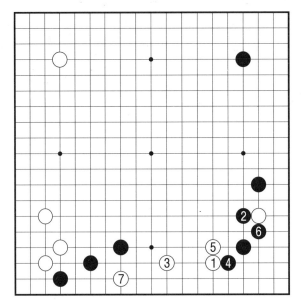

그림1

그림1(정해)

백①의 양걸침이 좋은 선택. 흑❷에는 손을 돌려서 백③으로 전개하는 것이 좋은 감각이다. 백⑦로 미끄러지면 흑의 형태가 부실해진다.

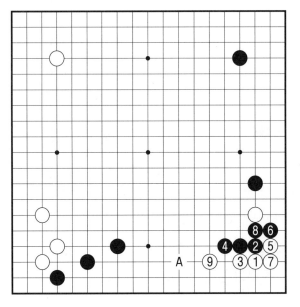

그림2

그림2(실패)

백①의 3·三 침입은 간명한 수이지만 지금은 약간의 장면이 있다. 나중에 흑이 A로 다가서는 수가 호착으로 남아서 백의 불만이다.